# Wandern in den Dolomiten

Reinhard Kuntzke

DUMONT aktiv

# Inhalt

# Wandern in den Dolomiten

## Wandersaison

Die beste Zeit für Touren in den Dolomiten sind die Monate Juli bis September, in denen das Wetter in aller Regel stabil ist. Davor und danach sind viele Seilbahnen nicht in Betrieb, die Busse verkehren seltener. Außerdem können in höheren Lagen Schneefälle die Touren behindern. Während der ersten Augusthälfte, der italienischen Hauptferienzeit, ist allerdings ohne Reservierung kaum ein freies Quartier zu bekommen.

## Anspruch

In der Rubrik ›Die Wanderung in Kürze‹ wird jeweils darauf hingewiesen, ob es sich bei der Wanderung um eine einfache (+), eine mittelschwere (++) oder eine anspruchsvolle (+++) Tour handelt.

## Zeitangaben

Bitte beachten Sie: Alle in diesem Wanderführer aufgeführten Zeiten verstehen sich als reine Gehzeiten. Rechnen Sie bei der Planung einer Tour sicherheitshalber noch etwa ein Fünftel bis ein Viertel der Zeit hinzu, um Pausen für Rast, Fotografieren, Abstecher oder schlimmstenfalls Verlaufen zu berücksichtigen. Auch ein Wettersturz, abgerutschte Wege oder angeschwollene Bäche können die Wanderzeit erheblich verlängern.

## Ausrüstung

Feste Wanderstiefel sind für alle Touren unerläßlich. Ein Regenschutz und warme Kleidung sollten stets dabeisein. Da in großen Höhen die Sonne mehr Kraft hat, dürfen auch ein Sonnenschutzmittel und eine Kopfbedeckung nicht fehlen. Bei den meisten Touren gibt es unterwegs ausreichend Gelegenheit einzukehren. Trotzdem sollte der Rucksack etwas Proviant und auch Getränke enthalten, da manchmal die Abstände zwischen den einzelnen Berghütten recht groß sind oder Hütten überraschend geschlossen sein können.

## Karten

Zu empfehlen sind die genauen Tabacco-Wanderkarten im Maßstab 1:25 000, die in großen Buchhandlungen in Deutschland bestellt werden können. In Italien sind diese Karten zwar billiger, aber das gewünschte Kartenblatt ist nicht immer vorrätig. Die Kompass-Karten sind zwar weniger exakt, aber durchaus ausreichend. Außerdem decken die einzelnen Kartenblätter ein größeres Wandergebiet ab.

## Bergwetterdienst

Südtirol on line, ✆ 0471-993808, touristische Informationen und Wetterdienst für Südtirol und angrenzende Gebiete

## Notruf

**Allgemeiner Notruf: 113.**
**Alpines Notsignal:** 6x pro Minute (alle 10 Sekunden) optisches oder akustisches Signal (Rufen, Pfeifen, Winken), dann 3 Min. Pause, dann wiederholen. Antwort: 3x pro Minute ein Signal.

## Öffentliche Verkehrsmittel

Bei allen Wanderungen in diesem Führer wurde Wert darauf gelegt, daß die Ausgangs- und Endpunkte nicht nur mit dem eigenen Auto, sondern auch mit öffentlichen Verkehrsmittel erreicht werden können. Während die Bahn nur die Randgebiete der Dolomiten erschließt, verkehren Busse durch nahezu alle Täler der Region. Da sich die Dolomiten über die drei Provinzen Südtirol, Trentino und Belluno erstrecken, gibt es auch drei verschiedene Busgesellschaften: den Südtiroler Autobusdienst *SAD,* die Trentiner *Atesina* und die Belluneser Gesellschaft *Dolomitibus.* Fahrpläne sind bei den örtlichen Tourismusbüros erhältlich.

## SYMBOLE IN DEN KARTEN

- Gasthaus, Berghütte, Rifugio (bewirtschaftet)
- Almhütte, Unterstand (unbewirtschaftet)
- Kirche, Kapelle
- Burg, Schloß
- Burgruine
- Ruine
- Denkmal, Monument
- t Kreuz, Wegkreuz
- Höhle
- Wf. Wasserfall
- Quelle

# Die bleichen Berge

Viel hat nicht gefehlt, und das italienische Gebirgsmassiv mit seinen bizarren Kalksteinspitzen und -türmen hieße nicht »Dolomiten«, sondern womöglich »Saussuriten«.

Vor mehr als 200 Jahren bereiste der französische Naturwissenschaftler Déodat Gratet de Dolomieu das Land südlich des Brenners. Dem Forscher fielen die hellen Felsen der Berge auf, die bis dahin noch niemand wissenschaftlich untersucht hatte. Dolomieu schickte Proben an seinen Freund, den Mineralogen Théodore de Saussure, der das Felsgestein als bislang unbekannte Zusammensetzung aus Calcium und Magnesium analysierte, die etwas schwerer und härter als der bekannte Kalkstein ist. Bis heute haben Wissenschaftler das Recht, neue Entdeckungen zu benennen. Doch sowohl Dolomieu als auch Saussure waren sehr bescheiden: Jeder wollte das Gestein nach dem Namen des Freundes bezeichnen. Saussure setzte sich in diesem freundschaftlichen Wettstreit letztendlich durch, das Gestein heißt heute Dolomit. Doch damit nicht genug: In den folgenden Jahrzehnten übertrug sich dieser wissenschaftliche Name auf das ganze Gebirge zwischen den Flüssen Eisack, Rienz und Piave, das bis dahin keine einheitliche Bezeichnung hatte.

fe und Korallenbänke schufen. Abgestorbene Korallen, Krebse, Muscheln und andere Sedimente lagerten sich im Laufe von weiteren Jahrmillionen Schicht für Schicht auf dem Meeresboden ab. In der Jurazeit, vor 200 Mio. Jahren also, zerbrach der Urkontinent *Pangäa* durch aufsteigende heiße Magmaströme in riesige Platten, die auseinanderdrifteten und unsere heutigen Kontinente bildeten. Die Afrikanische Kontinentalplatte kollidierte 100 Mio. Jahre später mit der Europäischen Platte. Wie in einem Schraubstock wurde der alte Meeresboden mit den mächtigen Sedimentschichten zusammengeschoben und zu einem Gebirge aufgetürmt. Dies war freilich kein plötzlicher Prozeß: Ganz langsam, Jahr für Jahr, Millimeter um Millimeter, hoben sich die Berge aus dem Wasser. Die Alpen und mit ihnen die Dolomiten waren entstanden.

So unterschiedlich die einzelnen Bergstöcke geformt sein mögen: Der bleiche Dolomit, der im Abendlicht den unvergleichlichen rosa Schimmer erhält, ist ihr gemeinsames Kennzeichen.

Wir müssen aber noch sehr weit in der Erdgeschichte zurückgehen, um zu erfahren, wie die bleichen Berge der Dolomiten überhaupt entstanden sind. Vor unvorstellbar langer Zeit, vor rund 300 Mio. Jahren, waren die Erdteile, wie wir sie heute kennen, noch im Superkontinent *Pangäa* vereinigt. Von Osten drang das Urzeitmeer Tethys als Keil tief in den heutigen Mittelmeerraum ein. Während der warmen Triaszeit, ein paar Jahrmillionen später, gediehen im seichten Wasser Korallen und andere Organismen, die gewaltige Rif-

Ihre kühnen Formen erhielten sie durch die ganz besondere Weise der Verwitterung, der das Kalkgestein unterworfen ist. Die Kohlensäure des eindringenden Wassers nämlich frißt das Gestein in einem chemischen Prozeß regelrecht aus und bildet so die scharfen Kanten, Schründe und Grate, die uns heute so begeistern.

Besonders eindrucksvoll läßt sich der geologische Aufbau bei der Wanderung durch die Bletterbachschlucht (Tour 19) beobachten. Wie in einem aufgeschlagenen Buch liegen hier die verschiedenen Gesteinsschichten und -formationen, die sich während der Jahrmillionen bildeten, offen übereinander.

# Drei Provinzen, drei Sprachen

Wer an die Dolomiten denkt, dem fällt automatisch Südtirol ein. Untrennbar ist die mehrheitlich deutschsprachige Provinz südlich des Brenners mit den Bleichen Bergen verbunden. Aber nur der kleinere Teil der Dolomiten liegt in Südtirol, das alljährlich so viele deutsche Urlauber anzieht. Sie besuchen den steinernen Rosengarten, den mächtigen Schlern und die stolzen Drei Zinnen. Aber wer hat schon mal von den Pale di San Martino, vom Monte Pelmo oder von der Civetta gehört? Auch diese Bergmassive gehören zu den Dolomiten, aber sie befinden sich in den bei uns eher unbekannten italienischen Provinzen Trentino und Belluno.

Bis zum Ende des Ersten Weltkriegs zählten das Trentino, das sogenannte »Welschtirol«, und der nördliche Teil des Belluno wie das heutige Südtirol zum Habsburgerreich. Im Friedensvertrag von St-Germain mußte Österreich die südlich des Alpenhauptkammes gelegenen Gebiete an Italien abtreten. Nach dem Zweiten Weltkrieg wurden die Provinzen Südtirol und Trentino zu einer gemeinsamen Region zusammengefaßt, die innerhalb des italienischen Staates weitgehende Autonomie besitzt. Solche Privilegien hat die dritte Dolomitenprovinz nicht: Das Belluno ist ein Teil der Region Veneto.

Die vierte Region der Dolomiten ist allerdings auf keiner Staatenkarte zu finden: Ladinien. Einst bevölkerte das Volk der Rätoromanen, zu dem auch die Ladiner zählten, alle Täler von den Schweizer Alpen über die Dolomiten bis in die Ebenen Norditaliens. Im Zuge der Völkerwanderung wurden die Rätoromanen assimiliert oder in die unzugänglichen Hochtäler verdrängt. Heute ist ihre Kultur und Sprache nur noch in einigen Enklaven lebendig: in Graubünden, in den Dörfern Friauls und in den Dolomitentälern von Gherdëina, Badia, Fodom, Fasha und Anpezo, die wir als Grödner Tal, Gadertal, Buchenstein, Fassatal und Ampezzo kennen.

Wanderer werden von der ladinischen Sprache kaum mehr als ein *Bon di* – »Guten Tag« – mitbekommen. Die Ladiner sind polyglott und beherrschen neben ihrer Muttersprache, die mit dem Spanischen und Französischen stärker verwandt ist als mit dem Italienischen, die Sprachen ihrer Nachbarn und Gäste perfekt. Hier liegt auch die Gefahr für das Fortbestehen der ladinischen Kultur. Durch die sozialen und wirtschaftlichen Umwälzungen der letzten Jahrzehnte sowie durch den Tourismus wird der Druck der Anpassung an die Welt »draußen«, der sowieso schon in den Tälern besteht, weiter verstärkt. So sprechen in der Gegend um Cortina d'Ampezzo nur noch wenige Einheimische die alte Sprache. Anders in Südtirol. Hier haben – im Gegensatz zu den Provinzen Trentino und Belluno – die knapp 20 000 Ladiner als anerkannte ethnische Minderheit fest verankerte politische Rechte, die den Schutz der ladinischen Sprache und Kultur gewährleisten.

*Traditionell ladinische Holzbauten in Coi, moderner Fremdenverkehrsort Vigo di Fassa*

# Der Dolomitenkrieg

Auf vielen Wanderungen durch die Dolomiten stößt man auf die immer noch sichtbaren Spuren des Ersten Weltkriegs: halbverfallene Schützengräben, rostige Stacheldrahtrollen, Ruinen von Sperrforts, düstere Kavernen und die zerbröselnden Fundamente von Kasernen.

Die Front der Kriegsgegner Österreich-Ungarn und Italien verlief mitten durch die Dolomiten, vom Kreuzbergpaß im Nordosten bis zu den Bergen des Lagorai im Südwesten. Im Frühjahr 1915 griffen die italienischen *Alpini*, speziell für den Hochgebirgskrieg ausgebildete Soldaten, von Süden her das österreichische Territorium an, das damals noch weite Teile Norditaliens umfaßte. Nach anfänglichen Erfolgen der Italiener erstarrten die Kämpfe rasch zu einem Stellungskrieg in Fels und Eis. Um jeden Gipfel, jede Felswand, jeden Paßübergang wurde verbissen gekämpft. Im Abstand von oft nur wenigen Metern lagen sich die italienischen und österreichischen Soldaten in den Schützengräben und Felskavernen gegenüber. Tag und Nacht, Sommer und Winter, zweieinhalb Jahre lang, wurde geschossen und gesprengt. Mit Artillerie und Minen, in Sturmangriffen und im mörderischen Zweikampf mit Bajonetten, Messern und Spaten. Mit allen Mitteln versuchten die Soldaten, sich gegenseitig umzubringen.

Aber nicht nur die grausamen Kämpfe forderten Zehntausende von Toten. Unzählige Soldaten fielen den Hochgebirgswintern zum Opfer. Eisige Orkane und Schneestürme mit Temperaturen bis zu vierzig Grad unter Null fegten über die Hochflächen und rissen die notdürftigen Unterstände aus Brettern und Zeltplanen davon. Gewaltige Lawinen begruben die Männer unter sich und zerrissen und erstickten sie. Ganze Kolonnen verirrten sich in den Schneestürmen, ihre erfrorenen Körper wurden erst im Frühjahr, nach der Schneeschmelze, gefunden. Über 60 000 Soldaten sollen an der Alpenfront allein von Lawinen verschüttet worden sein, schätzen die Historiker.

*Erinnerungen an den Dolomitenkrieg: Kavernen und Gedenkstätten*

So makaber es auch ist: Der Tourismus in den Dolomiten hat von den Kriegsereignissen profitiert. Viele der Hochgebirgsstraßen, über die heute Ausflüglerautos und Linienbusse rollen, wurden während des Ersten Weltkriegs gebaut. Zur Versorgung der Front mußten Kriegsgefangene unter großen Verlusten kühn trassierte Eisenbahnstrecken anlegen, auf denen nach dem Krieg die Urlauber in die Fremdenverkehrsorte fuhren. Erst in den 50er und 60er Jahren wurden diese Bahnlinien stillgelegt. Während des Ersten Weltkrieges wurde auch der Bau von Seilbahnen entwickelt und perfektioniert, die Nachschubmaterial in die hochgelegenen Stellungen transportierten. Etliche der heutigen Seilbahnen nutzen die alten Trassen. Nicht zuletzt erlebte der Skilauf durch den Dolomitenkrieg seinen Durchbruch. Es waren Soldaten, die die Vorteile von Skiern und Schneeschuhen für die Patrouillen in Eis und Schnee erkannten und nutzten.

# Naturparks in den Dolomiten

In Italien gibt es 18 National- und weit mehr als 100 Naturparks. Davon liegen immerhin sieben in den Dolomiten: die Naturparks Schlern, Puez-Geisler-Fanes, Sennes-Prags und Sextner Dolomiten in Südtirol, die Parks Dolomiti d'Ampezzo und Dolomiti Bellunesi im Belluno sowie der Naturpark Panevéggio-Pale di San Martino im Trentino.

Entstanden in Nord- und Mitteleuropa bereits um die Jahrhundertwende erste Ansätze für einen Naturschutz, entwickelte sich der Schutzgedanke südlich der Alpen erst sehr viel später. Die beiden ersten Nationalparks in Italien – am Gran Paradiso und am Stilfser Joch – wurden zwar bereits in den 20er und 30er Jahren, also während des Faschismus, gegründet, aber die Errichtung war primär politisch bedingt, um in diesen unsicheren Grenzgebieten die italienische Staatsmacht zu festigen. Beide Schutzgebiete wurden zentralistisch von Rom aus gegen den Willen der dort ansässigen Bevölkerung verwaltet.

Erst lange nach dem Zweiten Weltkrieg, mit der Reform des italienischen Staatswesens in den 70er Jahren, übertrug die Regierung in Rom den Umweltschutz der Verantwortung der einzelnen Regionen. Die neuen Schutzgebiete, die nun entstanden, werden im Unterschied zu den staatlichen Nationalparks als *Parco Naturale* – »Naturparks« – bezeichnet. Der Widerstand gegen die Gründung von regionalen Schutzgebieten war und ist immer noch groß: Bergbauern bangen um ihre Almrechte, Jäger um ihre waidmännischen Privilegien, Liftbetreiber haben Angst, daß keine neuen Anlagen mehr bewilligt werden und Hoteliers, daß keine Gäste mehr kommen. So ist das Naturparkkonzept auch eher ein halbherziger Kompromiß. Zwar sind in den Schutzzonen keine Dauersiedlungen, Aufstiegshilfen und Straßen erlaubt, aber die Nutzung durch Land-, Alm- und Forstwirtschaft, sowie Jagd und Fischerei bleibt für die Anwohner gewährleistet. Etliche Sondergenehmigungen durchlöchern zusätzlich den Naturschutzgedanken.

Die Pläne, weitere Naturparks in den Dolomiten zu gründen oder die bestehenden zu vergrößern, kommen nicht voran. Seit Jahren versuchen Trentiner Umweltschützer beispielsweise, die bislang noch fast unberührte Bergkette des Lagorai am Südrand der Dolomiten völlig unter Schutz zu stellen – ohne Erfolg. Zwar wird davon gesprochen, die einzigartige Schlucht des Bletterbachs in Südtirol zu schützen, geschehen ist aber bislang wenig. Auch eine provinz- und regionenübergreifende Zusammenarbeit der Naturschutzbehörden findet kaum statt. So ist der Trentiner Anteil der Pale-Dolomiten Teil eines Naturparks, während die sich unmittelbar anschließenden Belluneser Pale-Dolomiten nicht unter Naturschutz stehen.

In einigen der Naturparks sind die Grenzen der touristischen Belastbarkeit bereits erreicht, wenn nicht gar überschritten. Beispielsweise haben der Naturpark Schlern und die angrenzende Seiser Alm, die nur teilweise unter Schutz steht, sowie das Gebiet um die Drei Zinnen Besucherströme zu verkraften, die mit dem Naturschutzgedanken nicht mehr in Einklang zu bringen sind. Aber immer mehr Gemeinden in allen drei Dolomitenprovinzen versuchen, mit dem Ausbau des öffentlichen Busverkehrs wenigstens den individuellen Autoverkehr in den Griff zu bekommen. Zum Glück ist das Gebiet der Dolomiten groß genug. Meist nur wenige Schritte abseits der Parkplätze und der Seilbahnstationen findet man weiterhin die Bergeinsamkeit und grandiose Natur der Bleichen Berge.

Tour 1

# Kahler Kopf über Brixen

## Über die Plose nach Brixen

Die baumlosen Kuppen der Plose, des Brixener Hausbergs, sind mit Relaisstationen und Sendemasten besetzt, ein Gipfel war lange militärisches Sperrgebiet, die Südhänge sind ein beliebtes Wintersportrevier. Nur die Nordseite ist weitgehend unberührt geblieben.

### DIE WANDERUNG IN KÜRZE

**++** Anspruch

**6 Std.** Gehzeit

**450 m** Anstieg

**1900 m** Abstieg

**Charakter:** Einfache, aber lange Bergwanderung auf guten Wegen und Steigen, streckenweise kleine Teerstraßen; der Nordgrat erfordert Schwindelfreiheit und Trittsicherheit

**Wanderkarten:** Tabacco Blatt 030; Kompass Blatt 56

**Einkehrmöglichkeiten:** Bergstation Kreuztal, Plosehütte, Ochsenalm, Gasthaus Plansoler in St. Leonhard, Gasthaus Stampfer in Karnol

**Anfahrt: Mit dem PKW:** Von der Brixener Dolomitenstraße von Brixen hinauf zum Würzjoch zweigt kurz hinter St. Andrä die Stichstraße zur Talstation der Kabinenumlaufbahn ab (großer Parkplatz). Rückkehr per Bus. **Mit dem Bus:** Von Brixen mehrmals täglich Verbindung zur Seilbahn-Talstation oberhalb von St. Andrä

**Fahrzeiten:** Ende Juni bis Anfang Okt. 9–12, 12.45-18–Uhr, Sa und So durchgehend; Auffahrt ca. 15 Min.

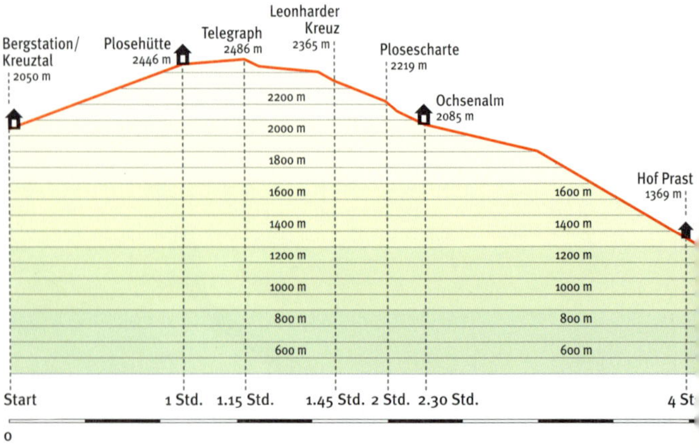

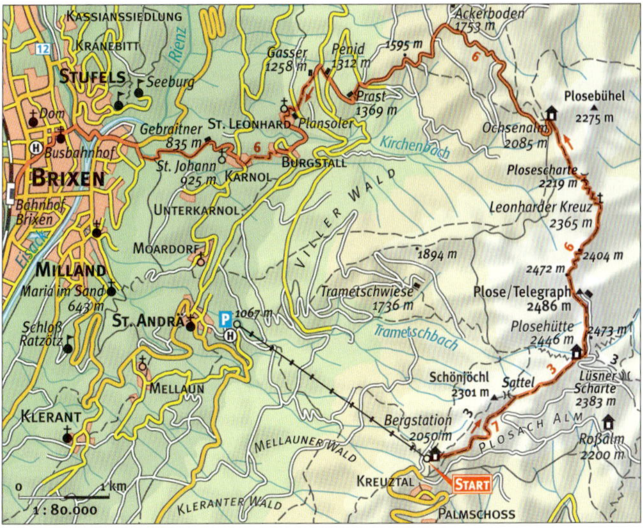


Wer mit dem ersten Bus hinauf zur **Talstation** der Kabinenumlaufbahn bei **St. Andrä** gekommen ist, darf meist schon vor der offiziellen Betriebszeit in die kleinen Gondeln einsteigen. Schon während der Auffahrt öffnet sich ein grandioses Panorama: Unten im Brixener Talkessel sind die Häuser und die Brenner-Autobahn auf Spielzeuggröße geschrumpft. Je höher wir hinaufschweben, desto mächtiger steigen jenseits des Eisacktals die Sarntaler Alpen in den Himmel. Nach Norden geht der Blick weit hinüber zu den Pfunderer Bergen, und oben an der **Bergstation Kreuztal** bestimmt die filigrane Geislergruppe das Bild.

An der großen Übersichtskarte beginnt unser Wanderweg (Nr. 3 und 7). In Richtung Schönjöchl/Pfannspitze durchschreiten wir das Gatter des Holzzauns und steigen halblinks den steilen Wiesenhang hinauf. Auf diesem ersten Abschnitt der Tour befinden wir uns im Skirevier der Plose. Die Seilbahngesellschaft bemüht sich, die Pisten zu begrünen, so daß sich die sichtbaren Landschaftsschäden in Grenzen halten. Wir kommen am Turm einer Relaisstation vorbei und erreichen eine Gabelung. Hier wählen wir den rot-weiß markierten Weg leicht rechts, der weiter ansteigt. Bald darauf erblicken wir rechts ein Wasserbecken, das zur Versorgung der Schneekanonen im Winter dient. Der Weg gabelt sich erneut (20 Min.). Wir bleiben auf dem Weg Nr. 7, der weniger stark ansteigt, geradeaus.

Mit Blick auf die Geislerspitzen wandern wir parallel zu einem

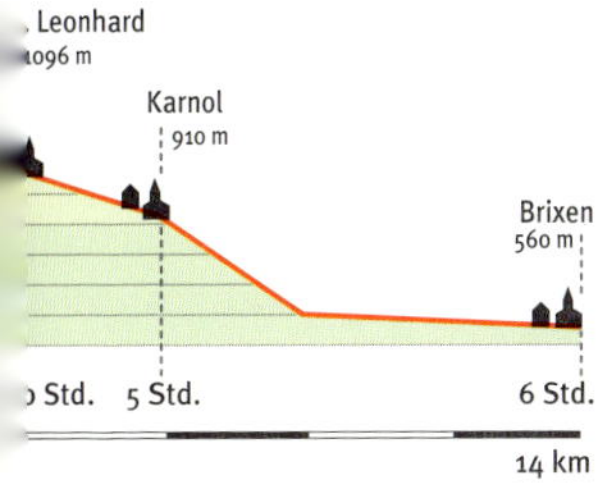

*Rast auf der Ochsenalm*

Schlepplift den Grashang empor. An einer Holzhütte steigen wir nicht zum nahen Fahrweg ab, sondern folgen weiter dem gut erkennbaren, aber zurückhaltend markierten Bergsteig hinauf. Wenig später vereinigt sich an einem Sattel unser Pfad wieder mit dem Wanderweg Nr. 3. Wir passieren den hölzernen Schutzzaun, der die Skifahrer vor Abstürzen bewahren soll, und steigen rechts davon etwas mühsam die breite, wenig attraktive Skipiste zur **Plosehütte** hinauf (1 Std.). Die Berghütte, die der Sektion Brixen des Italienischen Alpenvereins CAI gehört, ist ein wichtiger Stützpunkt für den winterlichen Skibetrieb. So ist die nähere Umgebung auch völlig mit Aufstiegshilfen gespickt.

Hinter der Hütte gehen wir nach links (Weg Nr. 6; **Achtung:** mit der Ziffer 6 sind zwei verschiedene Wege markiert) und kommen auf dem Fahrweg an einer Relaisstation vorbei. Auf der dem Eisacktal zugewandten Seite beginnt kurz danach leicht links der sanft ansteigende Bergpfad, auf dem wir knapp unterhalb des Kamms der Plose entlangwandern. Der Name Plose bedeutet übrigens – völlig zutreffend – »kahle Blöße«. Der aus Quarzphyllit aufgebaute Gipfel wird auch »Telegraph« genannt. Im 19. Jh. stand an der höchsten Stelle eine Telegraphenstation, die in ein Sendenetz integriert war, mit dem das geographische Längen- und Breitengradsystem in Mitteleuropa festgelegt wurde. Unser Steig führt unterhalb der heute leerstehenden italienischen **Militärkaserne** vorbei, die immer noch eingezäunt ist und nicht betreten werden darf (1.15 Std.). Bis vor wenigen Jahren beherbergte der Komplex eine Radaranlage der NATO, die im Zeitalter der Satellitenüberwachung überflüssig wurde.

Wenig später öffnet sich der Blick nach Norden zum Lüsener Tal. Unser Weiterweg am Nordgrat des Plosestocks ist gut zu erkennen. Wir steigen kurz hinab zu einem schmalen Sattel, der nach beiden Seiten steil abfällt, und bleiben geradeaus. Kurz unterhalb des Grats wandern wir dann auf dem guten, etwas ausgesetzten Steig zum **Leonharder Kreuz** (1.45 Std.). Der schöne Platz lädt zu einer Rast mit grandioser Aussicht ein. Halbrechts sehen wir das Lüsener Tal und die sanften Grasberge der Rodenecker und Lüsener Alpe.

Am Horizont erstreckt sich der Alpenhauptkamm mit den Zillertaler Alpen. Links blicken wir tief in den Brixener Talkessel und ins Eisacktal hinab. Am Eingang zum Pustertal können wir Mühlbach und darüber das Dörfchen Spinges erspähen.

Jetzt beginnt der lange Abstieg. Der steinige Pfad (weiterhin Nr. 6) führt zunächst in Serpentinen steil bergab zur **Ploseschårte** (2 Std.). Bei der ebenen kleinen Wiese wählen wir den rechten oberen Weg und gehen nach einem leichten Gegenanstieg sanft bergab zur schöngelegenen **Ochsenalm** (2.30 Std.). Dort schlagen wir links den Fahrweg Richtung Brixen/St. Leonhard ein (Nr. 6). Durch einen jahrhundertealten Zirbenhochwald wandern wir mäßig steil bergab. Dort, wo der Fahrweg kurz hinter einer Kehre ansteigt (2.50 Std.), nehmen wir den etwas schmaleren Weg halbrechts, der in der Folgezeit zwar etwas spärlich markiert, aber nicht zu verfehlen ist. An allen Abzweigungen bleiben wir stets auf dem Hauptweg geradeaus.

An einer Lichtung stoßen wir auf eine Fahrstraße (3 Std.), auf der wir einige Schritte geradeaus weitergehen. An der nächsten Einmündung bleiben wir auf dem Karrenweg geradeaus, der recht steil bergab führt. Eine kleine Teerstraße überqueren wir etwa 50 m nach links versetzt. Mit jedem Höhenmeter, den wir verlieren, wird die Hitze des Brixener Talkessels spürbarer.

Am **Hof Prast** haben wir die sanft gestufte Mittelgebirgsterrasse erreicht (4 Std.), die sich mit zahlreichen Einzelhöfen, kleinen Dörfern, Wiesen, Feldern und Kastanienhainen über dem Brixener Talkessel erstreckt. Blicken wir zurück, sehen wir 1000 Höhenmeter über uns noch einmal das Leonharder Kreuz. Aus dem alten Karrenweg ist nun eine kleine Teerstraße geworden, auf der wir zur Höfegruppe **Penid** schlendern. Jenseits der Talfurche des Eisack sehen wir im Süden das Rittner Horn, den Hausberg der Bozener.

Auf einem Wiesenpfad gelangen wir rasch zu einer weiteren kleinen Teerstraße, der wir bergab folgen. An der Straßeneinmündung vor dem **Gasserhof** biegen wir links in das Sträßchen ein, um nach 50 m scharf nach rechts zu gehen. Direkt vor dem Hof wandern wir nach links über die Wiese hinunter zu einem Wäldchen und dann durch den Hain steil hinunter nach **St. Leonhard.** Wir kreuzen die kleine Teerstraße und folgen vor dem **Gasthaus Plansoler** dem abschüssigen Weg hinab zur Kirche (4.30 Std.). Das Gotteshaus, das im 12. Jh. erbaut wurde, ist dem hl. Leonhard, dem Schutzpatron der Fuhrleute und Kutscher, geweiht. Als Ziel einer Wallfahrt wurde einst die Kirche auf Pferden dreimal umrundet und dann ein Hufeisen an die Kirchentür geschlagen.

Um zum nächsten Dorf zu gelangen, biegen wir in die kleine, kaum befahrene Teerstraße links ein. Kurz nachdem wir den Kirchenbach überquert haben, gehen wir leicht rechts auf dem Schottersträßchen weiter. Wir sind am Rand des winzigen Dörfchens **Burgstall,** das früher ein beliebtes »Bauernbadl« war. Das Heilwasser gegen Asthma und Gicht sprudelt zwar immer noch, aber der Badebetrieb ist eingestellt. An der nahen Gabelung bleiben wir in Richtung Karnol/Brixen geradeaus. Rechts des Fahrwegs erhebt sich ein gleichmäßig geformter Hügel, auf dem wahrscheinlich in vorgeschichtlicher Zeit eine Wallburg stand. An der nächsten Gabelung halten wir uns ganz leicht rechts und folgen dem Fahrweg über die Wiesen bergab.

Nach wenigen hundert Schritten schickt uns das Hinweisschild scharf nach links. Erst steil, dann flacher wandern wir talwärts und gelangen rasch nach **Karnol** (5 Std.). Auf dem Kapellenhügel über dem Dorf steht die kleine Kirche St. Johann, die 1113 geweiht wurde. Die bemerkenswerten Wandmalereien im Inneren, die u.a. das Martyrium der hl. Ursula darstellen, stammen aus dem späten 15. Jh.

Wir kreuzen die Straße und gehen leicht rechts versetzt Richtung Putzerhof weiter. Die kleine Asphaltstraße führt in Serpentinen an mehreren Höfen vorbei zu Tal. Beim **Gebraitnerhof** hört der Teerbelag auf. Wir gehen zwischen Wohnhaus und Stall über das Grundstück. Beim großen Misthaufen beginnt links ein breiter Ziehweg. Er führt uns an einem **Hangquellmoor** vorbei, das als Naturdenkmal unter Schutz steht. Parallel zum Bach wandern wir erst am Waldrand, dann durch den schönen Mischwald abwärts. Streckenweise ist noch die kunstvolle alte Pflasterung des Weges erhalten. Später verläuft unser Weg direkt am Wildbach entlang.

Bei den ersten Häusern von **Brixen** (5.30 Std.) wechseln wir aufs andere Ufer. Den Bach entlang gelangen wir zu einer Teerstraße, in die wir links einbiegen. Erst jetzt sind wir im eigentlichen Stadtgebiet. Auf der **Unterdrittelbrücke** überqueren wir die Rienz. Am westlichen Ufer erstreckt sich das Guggenberg-Kurhaus, das mit seinen Kneippanlagen den bescheidenen Ruf Brixens als Kurstadt verteidigt.

Wir sind hier in **Stufels,** dem ältesten Teil Brixens, das bereits vor der Stadtgründung besiedelt war und in dem später zahlreiche Adels- und Patriziergeschlechter der Stadt ihre Wohnsitze hatten. Zwischen dem Hotel Dominik und dem Ansitz **Neidheim** (17. Jh.) gehen wir in die Sackgasse, die als Fußgängerzone durch die verwinkelten Gassen von Stufels führt. An der Unteren Schutzengelgasse stehen etliche alte herrschaftliche Häuser und auch die **Schutzengelkirche** mit einem sehenswerten Altarbild des Brixener Malers Johann Georg Graßmair. Am Ende der Gasse halten wir uns links und überqueren auf der **Adlerbrücke** den Eisack.

Wir bleiben geradeaus und sind nun in der Brixener Altstadt. Wir durchschreiten das Michaelstor beim schlanken gotischen Turm der Pfarrkirche, der wegen seines hellen Dachs **Weißer Turm** genannt wird. Den Domplatz lassen wir links liegen und bummeln statt dessen geradeaus durch die Straße Große Lauben, die das geschäftige Zentrum der Stadt ist. Am alten, jüngst restaurierten **Gasthof Schwarzer Adler** lenken wir unsere Schritte nach links in die Kleinen Lauben, um an der nahen **St. Erhardskirche** (17 Jh.) nach rechts durch das Sonnentor die kleine überschaubare Altstadt wieder zu verlassen. In die Bahnhofallee biegen wir links ein (geradeaus gibt es einen Durchgang zum Busbahnhof) und folgen an der Straßengabelung, an der sich das Verkehrsbüro befindet, der Bahnhofallee nach halbrechts. Wir müssen noch die stark befahrene Staatsstraße, die Dantestraße, überqueren (Ampel). Dann ist es nicht mehr weit zum **Bahnhof Brixen** (6 Std.).

# Roda de Pütia

## Vom Würzjoch rund um den Peitlerkofel

Wer vom Eisacktal zum Würzjoch hinaufgefahren ist, betritt hier den ladinischen Sprachraum. So heißt das Würzjoch auf Ladinisch *Börz,* und der Peitlerkofel, der als nordwestlichster Eckpfeiler der Dolomiten den Paß beherrscht, trägt den Namen *Pütia.*

### DIE WANDERUNG IN KÜRZE

++
Anspruch

5.30 Std.
Gehzeit

450 m
An-/ Abstieg

**Charakter:** Einfache Bergwanderung auf guten Steigen, unterhalb der Nordwesthänge des Peitlerkofels etwas Schwindelfreiheit und Trittsicherheit erforderlich

**Wanderkarten:** Tabacco Blatt 07 oder 030; Kompass Blatt 56

**Einkehrmöglichkeiten:** Ütia de Börz, Schlüterhütte, Ütia de Göma, Alpe Fornella

**Anfahrt: Mit dem PKW:** Das Würzjoch ist sowohl von Brixen als auch von St. Peter im Villnößtal sowie vom Gadertal zu erreichen. **Mit dem Bus:** An Werktagen fährt morgens und mittags ein SAD-Bus von St. Vigil über St. Martin in Thurn hinauf zum Paß und am späten Nachmittag wieder zurück.

Direkt an der **Bushaltestelle Würzjoch** (Parkplatz) nehmen wir den Wanderweg 8a, der nach Süden auf den Peitlerkofel zuführt. Mächtig ragt seine Nordwand, die aus Schlerndolomit aufgebaut ist, über den blumenübersäten Almwiesen auf. Die nahe »Ütia Ranch« lassen wir links liegen und halten uns auf dem Weg leicht rechts. Wir sind jetzt im **Naturpark Puez-Geisler,** einem von insgesamt sieben Landschaftsschutzgebieten, die in Südtirol eingerichtet wurden. Rasch stoßen wir auf einen mäßig steil ansteigenden Naturfahrweg. Noch sind wir im Reich der Spaziergänger. Der kahle Berg, den wir jenseits der Würzjochstraße erblicken, ist die Plose. Geruhsam wandern wir über die **Kampatschwiesen** bis zum Abzweig des Weges 8b, der unser Rückweg sein wird (20 Min.).

Wir halten uns leicht rechts und bleiben weiterhin auf dem breiten Wanderweg 8a, der sich bald zu einem schmalen, aber guten Bergpfad verengt. Noch hält sich die Steigung in Grenzen. An einem Steilhang entlang geht es in das Tal des Schartenbachs hinein. Etwas Schwindelfreiheit ist vonnöten, und die Tiefblicke hinunter ins Tal erfordern Konzentration beim Gehen. Nach einer kurzen Gefällstrecke vereinigt sich unser Pfad mit dem Weg 4, auf dem wir geradeaus weiterwandern (1 Std.). Wir sind jetzt auf einem Teilstück des Dolomiten-Höhenweges Nr. 2, der als Fernwanderweg von

Brixen bis Feltre in der Provinz Belluno führt.

Jetzt folgt der anstrengendste Teil der Tour. Zwischen den Hängen des Peitlerkofels und den Aferer Geiseln steigen wir durch eine steinige Rinne steil bergauf. Die Mühen werden an der **Peitlerscharte** (1.30 Std.) mit einem überwältigenden Weitblick belohnt. Tief unten erstreckt sich das grüne Gadertal, hinter dem sich die Kreuzkofelgruppe erhebt. Weiter rechts sehen wir die mächtige Puezgruppe. Und genau über uns ragt der Gipfel des Peitlerkofels empor.

Unser Weiterweg ist der Steig halbrechts, der weiterhin mit der Ziffer 4 markiert ist. Fast eben wandern wir am Rand der Hochalm entlang. Bald erblicken wir vor uns die Geislerspitzen. Wir kommen am Abzweig des Weges 35 vorbei, den wir später nehmen werden. Vorerst bleiben wir aber noch geradeaus, überqueren das flache **Kreuzkofeljoch** und erreichen kurz darauf die **Schlüterhütte/Rifugio Genova** des italienischen Alpenvereins CAI, die 1898 auf Kosten eines Franz Schlüter aus Dresden erbaut wurde (2.15 Std.).

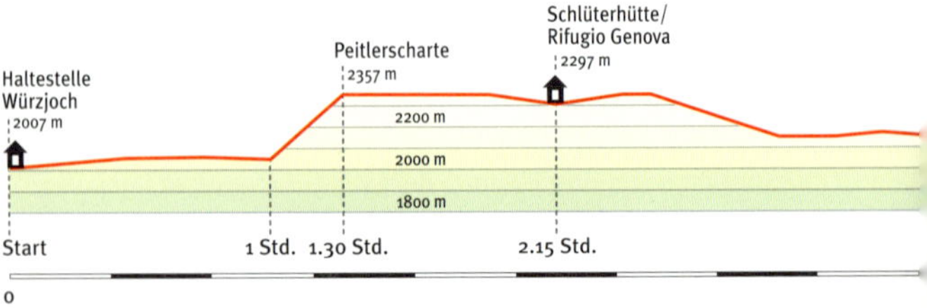

Nach der wohlverdienten Pause kehren wir über das **Kreuzkofeljoch** (hier nicht absteigen!) zum Abzweig des Weges 35 zurück. Zunächst noch relativ eben, dann mäßig steil gelangen wir auf dem 35er-Steig hinunter in das Wiesentälchen, das wir bereits von der Peitlerscharte aus sehen konnten. Wir gehen an der **Potzalm** vorbei (keine Einkehrmöglichkeit; 3 Std.) und stoßen wenig später auf den Weg, der direkt von der Peitlerscharte herunterkommt. Bald verläuft der breite »Heuweg«, wie er von den Gadertalern genannt wird, unter der Südflanke des Peitlerkofels im leichten Auf und Ab über die Almwiesen von Ciaineur und Vaciara, auf denen viele Heustadel aus sonnenverbranntem Holz stehen. Blumenfreunde werden Primeln, Steinbrech und Rote Kohlröschen erkennen. Besonders interessant sind die violettrot blühenden Alpengrasnelken, auch »Schlernhexen« genannt, eine Pflanzenart aus dem Mittelmeerraum, die hier ihren nördlichsten Standort hat. Später weckt eine schöne Holzskulptur mit einer ladinischen Aufschrift unsere Aufmerksamkeit: Der selige Ujöp Freinademetz aus St. Leonhard in Badia, der Ende des letzten Jahrhunderts Missionar in China war, wird hier um Beistand angerufen. Kurz darauf verlassen wir den Naturfahrweg und folgen der 35er-Markierung nach halblinks. Der Wiesenpfad führt für eine kurze Strecke kräftig bergauf und erreicht dann leicht ansteigend das **Gömajoch** (4 Std.). Vom Paß können wir weit nach Norden bis zum Alpenhauptkamm schauen.

Wir halten uns leicht links und wählen den bergab führenden Steig 8b Richtung Würzjoch. Vor uns sehen wir die Plose und die Lüsener Berge. Ganz kurz können wir auch einen Blick auf das Bergdorf Untermoi unter uns erhaschen. Am Rand des Bergwalds einen Geröllhang querend, verliert der Steig stetig an Höhe, bis wir die **Pra de Pütia,** die **Peitlerwiesen,** erreichen. Relativ eben geht es über die große Wiesenfläche weiter. Vor uns taucht wieder der Peitlerkofel auf, der von dieser Seite wie ein riesiger Buckel ausschaut. Am Ende der Wiese heißt es achtgeben: Wir folgen nicht dem Naturfahrweg, sondern schlagen den Wiesenpfad ein, der leicht links mäßig steil ansteigt (Nr. 8b).

Wenig später kommen wir an der Jausenstation **Ütia de Göma** vorbei, die inmitten der Wiesen unterhalb unseres Weges liegt (4.45 Std.). Rasch erklimmen wir den Wiesensattel und wandern auf den Wald zu. Im schütteren Bergwald geht es dann auf dem holprigen Pfad etwas steiler bergab. Zwischen riesigen Felsklötzen, die vor Urzeiten vom Peitlerkofel abgebrochen sind, und vom Blitz gespaltenen Baumstäm-

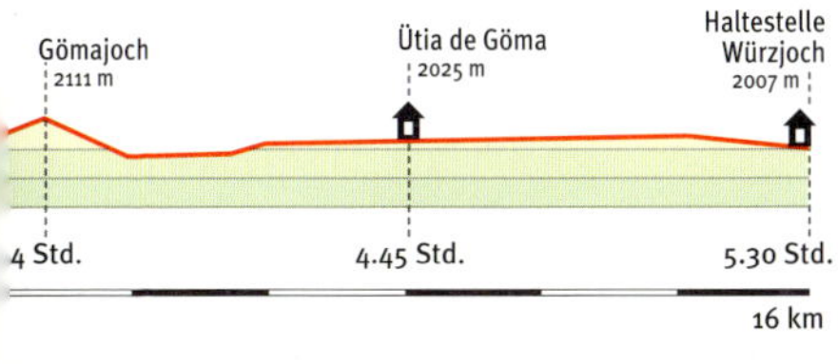

*Blick von der Peitlerscharte auf das Peitlerkofelmassiv*

men, zwischen Zwergkiefern, Latschengehölz und Blumen windet sich der Pfad wie durch einen verwunschenen Zaubergarten. Dann erreichen wir wieder die **Kampatschwiesen,** an denen wir kurz nach der Jausenstation **Alpe Fornella** (5.15 Std.) auf unseren Hinweg treffen. In den breiten Weg 8a biegen wir rechts ein und spazieren zum **Würzjoch** zurück (5.30 Std.). Auf der Terrasse der großen Berghütte **Ütia de Börz** ein wenig oberhalb des Passes läßt es sich gut auf den Bus warten.

# Die Viles im Gadertal

**Von der Wallfahrtskirche Heiligkreuz zu den romanischen Weilern im Wengental**

Unter der Kreuzkofelgruppe mit dem lotrechten Wandabbruch der Großen Mauer liegt das Wiesental von Wengen mit den heimeligen *Viles,* Zeugnissen jahrhundertealter Siedlungsgeschichte.

## DIE WANDERUNG IN KÜRZE

+ Anspruch

4 Std. Gehzeit

200 m Anstieg

900 m Abstieg

**Charakter:** Einfache Bergwanderung auf guten Wegen und Fahrwegen

**Wanderkarten:** Tabacco Blatt 07; Kompass Blatt 57

**Einkehrmöglichkeiten:** Zwei Gasthäuser nahe der Bergstation des Heiligkreuz-Sessellifts, Heiligkreuz-Hospiz, Spescia dessot (etwas abseits des Weges), Gasthäuser in Wengen und Pederoa

**Anfahrt: Mit dem PKW:** Start- und Endpunkt liegen an der Staatsstraße 244, die von Bruneck durch das Gadertal zum Passo Campolongo führt. Die Talstation des Sessellifts (Parkplatz) befindet sich am Ortsrand von Pedraces, direkt an der Nebenstraße nach St. Leonhard. **Mit dem Bus:** Pedraces und Pederoa liegen an der Buslinie Bruneck–Kolfuschg. Der Weg zur Liftstation ist ausgeschildert.

**Fahrzeiten:** Ende Juni bis Anfang Okt. tägl. 8.30–12.30, 14–18 Uhr, Fahrzeit ca. 15 Min.

Am Beginn der Tour im Talort **Pedraces** steht die Auffahrt mit dem modernen Sessellift, der uns über 500 Höhenmeter eines anstrengenden Anstiegs erspart. Schon während der Fahrt können wir den prachtvollen Ausblick auf den gewaltigen Klotz des Kreuzkofels vor uns und auf die Puezgruppe hinter uns bewundern. An der **Bergstation** des Liftes erwartet uns der steile Kreuzweg (Nr.7), auf dem schon seit Jahrhunderten die Pilger zur **Wallfahrtskirche Heiligkreuz** hinaufgekeucht sind (30 Min.). Eine Legende will wissen, daß vor tausend Jahren ein Graf aus dem Pustertal hier in der Bergeinsamkeit als Eremit Buße tat. Urkundlich wird eine Kapelle am Heiligkreuz erstmals 1485 genannt. Die jetzige kleine Kirche stammt aus dem 16. Jh. Neben dem Gotteshaus steht das **Pilgerhospiz** (1718 erbaut). Auf den Bänken vor der Tür läßt sich das Alpenpanorama mit Marmolèda, Puez- und Sellagruppe hervorragend betrachten. Einsam ist dieser Platz allerdings schon lange nicht mehr.

Auf dem breiten, mäßig steilen Weg Nr. 16 wandern wir zunächst auf die Westwand des Kreuzkofels zu. Wir sind hier im **Naturpark Fanes-Sennes-Prags** (s. Tour 4). An der na-

hen Wegegabelung halten wir uns leicht links. Unser Weg wird bald zu einem schmalen, aber guten Bergsteig. In leichtem Auf und Ab unterhalb der Steilabstürze des Kreuzkofels gelangen wir zu einem Geröllkar (1 Std.). Wir steigen die wenigen Höhenmeter in die schwach begrünte Mulde hinab und können einen kurzen Abstecher zur **Schneegrotte** am Wandfuß der Zehnerspitzen unternehmen. Im Kreuzkofelmassiv gibt es viele solcher Höhlen, in denen nach der ladinischen Überlieferung einst freundliche, menschenähnliche Wesen, die *Salvans* und *Ganes*, gelebt haben sollen.

Zurück auf dem Weg Nr. 16 wandern wir abwärts durch den sagenumwobenen Bergwald **Bosch d'Ar-**

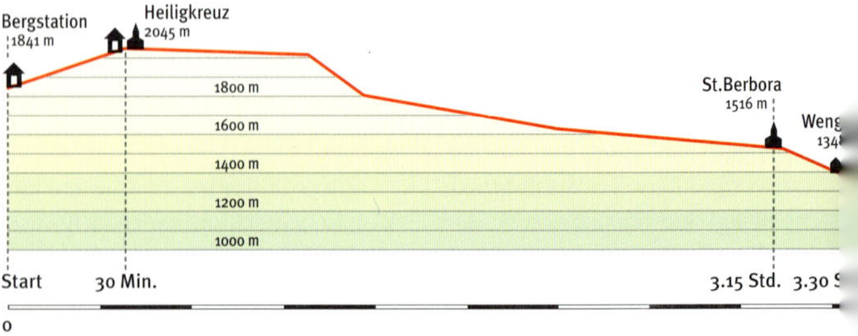

**mentara,** Der schreckliche *Orco,* der hier einst nächtliche Wanderer erschreckte, wird uns allerdings nicht mehr begegnen. Kurz nach der Geröllmulde biegt der Weg im rechten Winkel scharf nach links ab. **Achtung:** Nur ein dünner Holzpfahl mit rot-weiß-roter Markierung weist an dieser Stelle die Richtung. Kurz darauf kreuzen wir eine Forststraße und gehen sanft bergab über eine Waldwiese, an deren Ende wir uns links halten. Unterhalb des Neunerkofels steigen wir durch den Bergwald erst mäßig, dann immer steiler ab. Wir queren zwei zumeist trockene Bachbetten und stoßen auf einen Naturfahrweg, auf dem wir geradeaus weitergehen.

Wenig später überqueren wir auf einer Brücke den Talbach des Wengener Tales und erreichen eine Gabelung. Unsere Route ist fortan mit der Zahl 13 markiert. Leicht links folgen wir dem Fahrweg an einigen Heustadeln entlang bergab. Nach wenigen Schritten können wir das Wengener Tal in seiner ganzen Schönheit überblicken. Es gibt nur wenige Plätze in den Dolomiten, die eine solch anmutige Einheit aus Natur und menschlichem Wirken aufweisen. Zwischen die Wiesen sind die kleinen Weiler des Tales eingebettet. Der höherliegende Kirchturm, den wir in der Ferne erkennen können, ist der von S. Berbora, der tieferstehende gehört zur Pfarrkirche von Wengen. Links grüßt der felsige Buckel des Peitlerkofels.

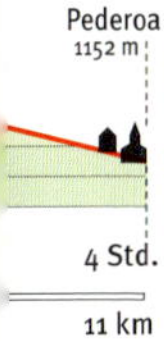


Kurz darauf passieren wir eine Straßenschranke. Wir wählen den Naturfahrweg nach rechts, der als Wanderweg 15/13 Richtung Wengen ausgeschildert ist. Den nahen Abzweig des Fußweges beachten wir nicht, wir bleiben auf dem Fahrweg. Fast eben wandern wir an den steilen Bergwiesen dahin. Wir sind im Bereich der sogenannten »Wengener Schichten«, deren fruchtbares und fossilreiches Gesteinsmaterial aus einem Gemisch von tonig-mergeligen bis kalkigen Ablagerungen und vulkanischen Aschen besteht. An der Fahrwegegabelung mit den zwei Heustadeln spazieren wir geradeaus weiter. Links unter uns sehen wir den ersten Weiler, Spescia dèssurà. Dort, wo der Wanderweg 15 scharf nach rechts führt, bleiben wir auf dem Naturfahrweg geradeaus (weiterhin die Markierungen 13/15). Zunächst noch fast eben, dann mäßig bergab, wandern wir durch den Wald zu einer kleinen Teerstraße, auf der es dann geradeaus leicht bergab zum Weiler **Tolpei** geht.

Wir orientieren uns an der Ausschilderung des Rundwanderweges Richtung Roda/Cians und bummeln nach rechts auf dem Fahrweg durch das schöne Dörflein **Dlijia Vedla,** das auch **Alt-Wengen** genannt wird. Hier stand einst die Pfarrkirche (15. Jh.) des Wengener Tals, von der nur der gotische Turm erhalten blieb. Es lohnt sich, die Häuser des Weilers mit ihren Fresken und Verzierungen genauer anzuschauen. Aber wie in den meisten Viles fühlt man sich leicht als Eindringling. Wir gehen links am alten Kirchturm vorbei zur Kirche **San Berbora** (3.15 Std.). Da die Glocken der Pfarrkirche von Alt-Wengen nicht überall im Tal gehört werden konnten, wurde diese kleine

*Wallfahrtskirche Heiligkreuz, im Hintergrund der Kreuzkofel*

Kirche 1490 auf einem Vorsprung errichtet, der sich kühn über dem Tal erhebt. Die nördliche Wand ist mit einem Kreuzigungsfresko geschmückt, das der berühmten Malerschule um Michael Pacher aus Bruneck zugerechnet wird. Der Blick reicht weit über die Wengener Viles zurück zum Kreuzkofelmassiv und hinüber zum Peitlerkofel und zur Puezgruppe.

Anschließend wandern wir auf dem breiten Weg bergab. Bei der Christusskulptur wenden wir uns leicht nach links und folgen dem Pfad über die Wiese zu einer Holzhütte vor einem Wäldchen. Dort geht es nach links weiter. Auf dem breiten, steil abwärts führenden Waldweg gelangen wir rasch nach **Wengen,** den Hauptort des Wengener Tales. Das Teersträßchen führt zur neuen neoromanischen Pfarrkirche (3.30 Std.).

Am Gasthof Pider biegen wir in die kleine Teerstraße rechts ein und verlassen das Dorf. Kräftig bergab gehend, erreichen wir bald die größere Talstraße, auf der es nach rechts weiter hinuntergeht. (Einige der Serpentinen lassen sich auf Fußpfaden abkürzen.) Unten im Gadertal, in **Pederoa** (4 Std.), kann man auf der Terrasse des Gasthofs Pederoa auf den Bus warten.

## Die Viles

Während im deutschsprachigen Teil Südtirols Einzelhöfe vorherrschen, haben sich in Ladinien, insbesondere im Gadertal, in einigen Dörfern die alten rätoromanischen Siedlungsformen erhalten. Die Häuser der *Viles,* wie die ladinischen Weiler genannt werden, drängen sich wie kleine, unzugängliche Festungen um einen winzigen Dorfplatz mit Brunnen und Backofen zusammen. Charakteristisch ist die Pilzform der Häuser: Über das aus Stein gemauerte Untergeschoß erhebt sich ein hölzerner Aufbau, der weit übersteht und vom Söller, einem offenen Dachumgang, umgeben ist. Neben dem Wohnhaus steht ein weiteres Gebäude, das als Stall und Heustadel dient. Die Mauern, Gesimse und Balkone dieser Paarhöfe sind reich mit Schnitzereien und Fresken geschmückt.

# Im Sagenreich der Fanes

## Von Pederü über die Fanes-Hochfläche nach Saré

Einst sollen über Fanes und weit in die Dolomiten hinein mächtige Fürsten geherrscht haben. Selbst Murmeltiere machten sie zu Bundesgenossen. Aber ihre Habgier brachte ihnen den Untergang. Zum Kampfgebiet wurde die Bergwelt der Fanes im Ersten Weltkrieg.

### DIE WANDERUNG IN KÜRZE

++ Anspruch

5.30 Std. Gehzeit

650 m Anstieg

500 m Abstieg

**Charakter:** Einfache, aber hochalpine Wanderung auf breiten Wegen; der Anstieg zur Fanes-Hütte und der Abstieg zur Capanna Alpina sind anstrengend

**Wanderkarten:** Tabacco Blatt 03 oder 07; Kompass Blatt 55

**Einkehrmöglichkeiten:** Gasthaus Pederü, Fanes-Hütte, Lavarela-Hütte (etwas abseits), Ücia de Gran Fanes, Capanna Alpina, Gasthaus Saré

**Anfahrt: Mit dem PKW:** In Zwischenwasser im Gadertal zweigt von der Staatsstraße Nr. 224 die Nebenstraße nach St. Vigil ab, von dort mit dem Bus nach Pederü; Rückkehr nach St. Vigil ebenfalls per Bus. **Mit dem Bus:** Der SAD-Bus fährt täglich am frühen Morgen von Zwischenwasser (hier direkter Anschluß an die Busse aus Bruneck und Kolfuschg/Corvara) nach Pederü. Von Saré verkehrt täglich am späten Nachmittag ein SAD-Bus nach Stern, dort Anschluß (mit Wartezeit) an den SAD-Bus nach Bruneck oder Corvara/Kolfuschg. Autofahrer müssen in Zwischenwasser in den Bus nach St. Vigil umsteigen (Wartezeit), der nur werktags fährt.

Am frühen Morgen wirkt der Schluß des Rautals noch sehr düster, denn die Sonne kann den hohen Felsriegel der umliegenden Berge erst spät überwinden. Vom **Gasthaus Pederü** nehmen wir zunächst ein kurzes Stück den staubigen Fahrweg, der als Kriegsstraße im Ersten Weltkrieg zur Versorgung der Dolomitenfront angelegt wurde.

Nach wenigen Schritten schlagen wir aber rechts den mit der Ziffer 7 markierten Wanderweg Richtung Fanes ein. Wir überqueren die Holzbrücke und wandern auf dem breiten Weg durch Latschenfelder zunächst mäßig steil bergauf. Bald wird der Weg zum guten Steig, der – teilweise durch ein Holzgeländer gesichert – jetzt in Serpentinen den steilen Erosionshang erklimmt. Durch eine öde Geröllandschaft bezwingen wir die nächste Steilstufe und stoßen nach einer guten halben Stunde wieder auf die Fahrstraße.

Der Fußweg führt hier scharf nach rechts und steigt nochmals kräftig an. Doch bald wird er flacher, und wir blicken in das Hochtal **Vallone di Rudo,** das mit den Wäldchen, Wiesen und dem kleinen Piciodelsee von herber Schönheit ist. Nach einem Flachstück verläuft unser Weg sacht bergab und erreicht wieder die Kriegsstraße .

Zwei Mal können wir auf den markierten Fußweg ausweichen und durch Wald und Latschengehölz schnell an Höhe gewinnen. Aber später bleibt uns nichts anderes übrig, als der leicht ansteigenden Fahrstraße zu folgen. Wir kommen an zwei Almhütten vorbei, wo wir uns an einem kühlen Brunnen erfrischen können, und erreichen dann rasch eine Wegeteilung. Wir halten uns halblinks und gelangen auf dem Fahrweg zur privaten **Fanes-Hütte** (2 Std.), die in den 20er Jahren am Rand der **Kleinen Fanesalm** erbaut wurde.

Auch anschließend bleiben wir auf der bergan führenden Militärstraße, die jetzt nicht mehr von den Geländewagen befahren wird. Nach einigen Kehren sind wir am **Limojoch**. Vom Paß blicken wir tief in die Kalkschüssel der Kleinen Fanesalm hinunter. Hier versteht man, woher die »Bleichen Berge« ihren Namen haben. Der Talkessel wird durch die fahlweißen Felsmauern des Kreuzkofelmassivs begrenzt, die aus hellen Liaskalken bestehen. Gut sind auch die mächtigen Faltungen der Gesteinsschichten zu sehen. Zur anderen Seite, nach Süden und Südwesten, schauen wir zum Piz Lavarela und zu den Cime di Furcia Rossa.

Vom Paß wandern wir auf dem breiten Weg (Nr. 10/11) leicht bergab und kommen am **Limosee** vorbei (2.30 Std.), der für ein Bad eigentlich viel zu kalt ist. Trotzdem stand hier einst eine Badehütte, die der frühere Pächter der Fanes-Hütte für seine Sommergäste errichten ließ. Kurz darauf sehen wir links des Weges ein weißes Gebäude. Es ist ein ehemaliger österreichischer Kriegsbau, den die italienischen Alpini-Soldaten später zur **Kaserne** ausgebaut haben. Obwohl jetzt ungenutzt und leerstehend, untersteht der verrammelte und verriegelte Bau immer noch der Geheimhaltung und darf trotz des löcherigen Zauns nicht betreten werden. An der Wegegabelung auf der Höhe des Hauses nehmen wir leicht rechts den schmaleren Pfad (Nr. 11), der an alten Schützengräben entlang abwärtsführt. Wir stoßen wieder auf die Kriegsstraße, auf der wir in den Talkessel der Großen Fanesalm hinabgehen und die Almhütte **Ücia de Gran Fanes** erreichen (3 Std.). Die beliebte Jausenstation

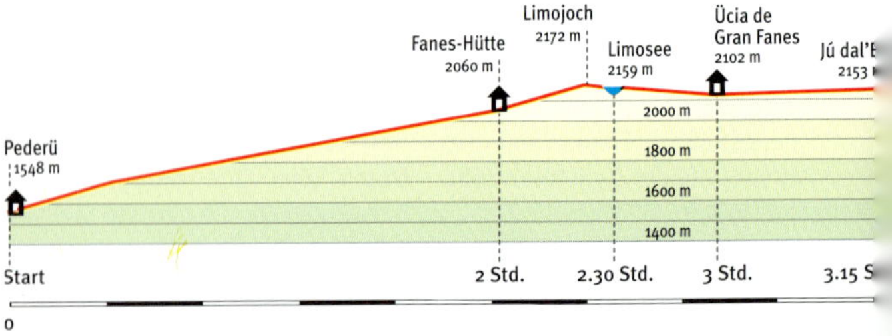

*Die Große Fanesalm mit der Tofane im Hintergrund*

wird von der Almgenossenschaft Wengen betrieben.

Auf dem breiten Weg (weiterhin Nr. 11) wandern wir leicht rechts weiter und überqueren auf einer kleinen Holzbrücke den **Rü de Fanes,** den Fanesbach. Unser Weg steigt nun leicht an. Den Abzweig des Friedensweges/Via della Pace lassen wir links liegen und spazieren ohne große Anstrengung über die weite Hochalm bergan zum wenig ausgeprägten Wiesenpaß **Jú dal'Ega** (3.15 Std.). Anschließend geht es sanft hinab in den fast ebenen Wiesengrund **Gran Plan,** der rechts von den Felsen der Cunturines und links von der Fanes- und Campestringruppe flankiert wird. An Schutthängen entlang zieht sich der Weg ganz sacht bergan, und bald können wir vor uns am Horizont die Firnfelder der Marmolèda erkennen. Wir gelangen zu einer kleinen Wiesenmulde und überschreiten auf der Holzbrücke den Rü Sciarè (3.50 Std.). In leichtem Auf und Ab wandern wir durch Latschengehölz zum **Col de Locia** (4.15 Std.). Tief hat sich der Bach in das vulkanische Tuffgestein gefräst. Vom kleinen Plateau, auf dem die Fundamente einer Seilbahnstation aus dem Ersten Weltkrieg erhalten blieben, blicken wir weit hinab in das Tal von St. Kassian. Die Bärenhöhle von Cunturines, 700 m oberhalb des

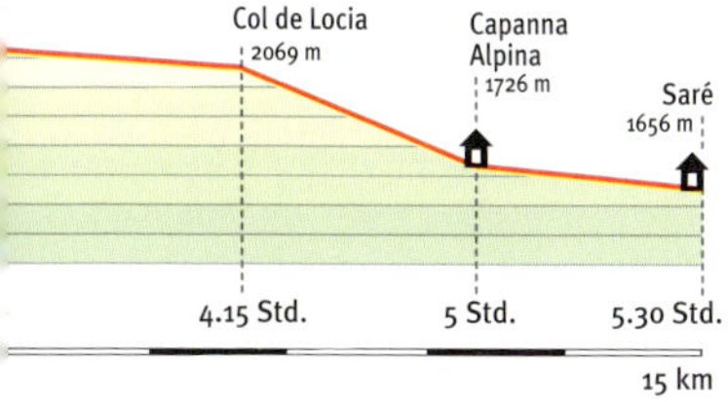

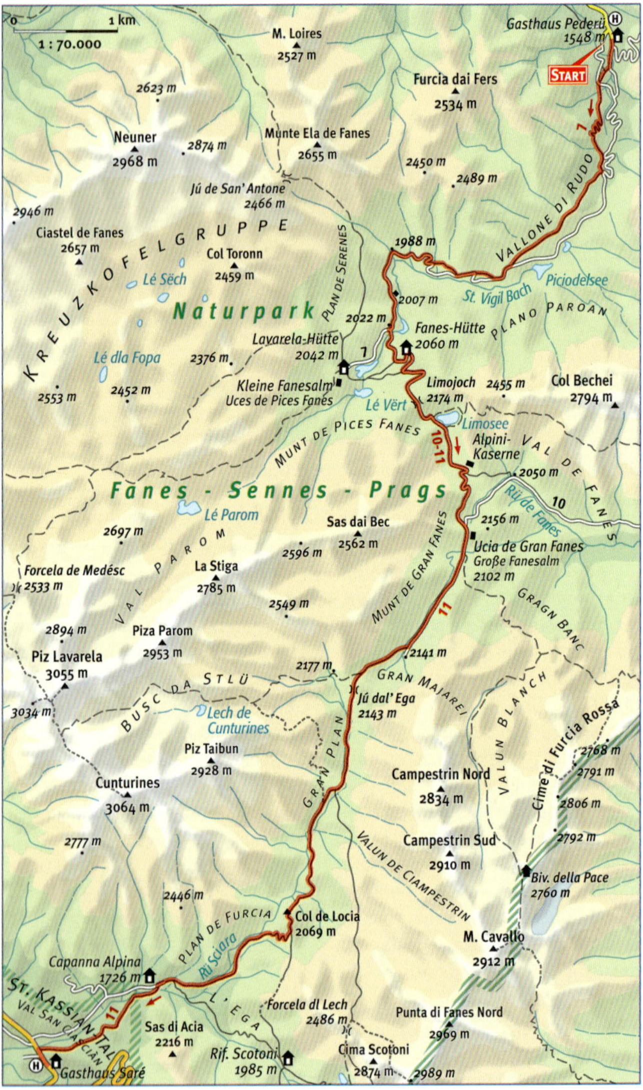


Col de Locia, ist dagegen mit bloßem Auge nicht zu erkennen.

Steil windet sich nun unser Steig hinab. Ein Holzgeländer gibt seelischen Halt. Am **Plan de Furcia** haben wir die Steilstufe überwunden und betreten den Fichtenwald (4.30 Std.). Es geht weiter bergab, aber nun weniger steil. Am **Plan dal'Ega** überqueren wir den Rü Sciarè, der sich ein breites Geröllbett geschaffen hat, und erreichen wenig später das Ausflugsrestaurant **Capanna Alpina** (5 Std.).

Um der kleinen Teerstraße auszuweichen, die am Nachmittag doch recht stark befahren wird, gehen wir halblinks über den Parkplatz. Nochmals links über die nahe kleine Holzbrücke gelangen wir zum markierten Pfad (Nr. 11/20), der wenig später als breiter Weg durch den Wald leicht bergab führt. Wir kommen an einer Waldkapelle vorbei und spazieren am Campingplatz entlang zur Straße, die durch das Tal von St. Kassian zum Passo Falzarego führt. Auf der Straße sind es nach links nur noch rund 200 Schritte zur Bushaltestelle vor dem **Gasthaus Saré** (5.30 Std.).

## Naturpark Fanes-Sennes-Prags

Die gesamte Wanderung führt durch den Naturpark Fanes-Sennes-Prags, der mit über 25 000 ha das zweitgrößte Schutzgebiet in Südtirol ist. Einer der Zugänge ist das Rautal, das von St. Vigil bis nach Pederü verläuft. Im Ersten Weltkrieg befand sich hier am Talschluß ein großes österreichisches Militärlager. Von der ehemaligen Barackenstadt, über die der Nachschub zur nahen Front transportiert wurde, sind aber nur noch wenige Fundamente vorhanden. Aus einer früheren Offiziersunterkunft ist das heutige Gasthaus Pederü entstanden.

Eine der im Ersten Weltkrieg angelegten »Kriegsstraßen« führt hinauf zur **Kleinen Fanesalm.** Vermutlich war der riesige Talkessel bereits in vorgeschichtlicher Zeit besiedelt, als das Klima noch wärmer war. 1953 wurden hoch oben am Ciastel de Fanes einige Tonscherben und Reste von Feuerstellen gefunden, die auf eine Siedlung in der späten Bronzezeit schließen lassen. Ob diese Funde jedoch die Existenz des mythischen »Reichs der Fanes« belegen können, muß bezweifelt werden. Urkundlich wird die Alpe Fanes, die von alters her von den drei Gemeinden Abtei, Wengen und Enneberg gemeinsam genutzt wird, zum ersten Mal in einem Schriftstück aus den Jahren 1002 bis 1004 erwähnt, das den Grenzverlauf zwischen den Grafschaften Norital und Pustertal festlegte.

Wie in Pederü gab es während des Ersten Weltkriegs auf der Kleinen Fanesalm und auch in der Umgebung der Großen Fanesalm österreichische Militärlager. In den Jahren 1973 bis 1975 haben die Mitglieder des internationalen Vereins der »Dolomitenfreunde« alte Frontsteige wieder instand gesetzt. Als »Vie della Pace/Friedenswege« sollen die bergtechnisch anspruchsvollen Steige durch die Fanes-Berge die Schrecken des Ersten Weltkriegs nicht vergessen lassen.

Ein Bergführer aus Corvara entdeckte 1987 eher zufällig in der Berggruppe der Cunturines, rund 700 Höhenmeter oberhalb des Col de Locia, eine große Höhle, in der Schädel und Knochen von etwa 30 prähistorischen Höhlenbären die Zeiten überdauert haben. Da der Fundplatz nicht sofort gesichert werden konnte, fielen etliche der Skelette, deren Alter auf 120 000 Jahre geschätzt wird, Souvenirjägern in die Hände. Die Höhle wird heute wissenschaftlich erforscht und kann nicht besichtigt werden.

# Reinhold Messners Heimat

## Von der Zanser Alm nach St. Magdalena im Villnösstal

Auf den Geislerspitzen, die das Villnösstal vom Grödner Tal trennen, begann Reinhold Messners Bergsteigerkarriere. Der Adolf-Munkel-Weg, der sich unter ihren imposanten Nordwänden entlangzieht, erlaubt auch ohne Kletterei grandiose Bergerlebnisse.

### DIE WANDERUNG IN KÜRZE

+ Anspruch

5 Std. Gehzeit

800 m Abstieg

**Charakter:** Einfache Bergwanderung auf guten Bergwegen und -steigen

**Wanderkarten:** Tabacco Blatt 05 oder 030; Kompass Blatt 56

**Einkehrmöglichkeiten:** Berggasthaus Sass Rigais, Brogleshütte, Restaurant/Bar in Ranui, Gasthäuser in St. Magdalena

**Anfahrt: Mit dem PKW** biegt man von der Staatsstraße Nr. 12 im Eisacktal in der Nähe von Klausen auf die gut ausgebaute Straße nach St. Magdalena im Villnösstal ab. Hier parkt man und nimmt den Früh- oder Mittagsbus hinauf nach Zans (nachmittags keine Busverbindung mehr!). **Mit dem Bus:** Von Brixen fahren mehrmals täglich Busse über Klausen und St. Magdalena zur Zanser Alm und zurück.

Vor gut zwei Jahrzehnten bestand der Plan, den idyllischen Talschluß von Villnöss an der Zanser Alm in ein Skigebiet zu verwandeln. Naturschutzverbände verhinderten das Vorhaben und erreichten, daß Zans in den Naturpark Puez-Geisler einbezogen wurde. Nur die kleine Teerstraße, die als Zubringer zum Skirevier dienen sollte, wurde gebaut. Mit hohen Gebühren versucht die Gemeinde Villnöss, das dadurch entstandene Verkehrsproblem an der Zanser Alm in den Griff zu bekommen. Trotzdem sind die Parkplätze an schönen Tagen heillos überfüllt.

Von der Busendhaltestelle **Zanser Alm** gehen wir auf dem ausgeschilderten Fahrweg zum **Berggasthaus Sass Rigais** hinüber. Dort folgen wir

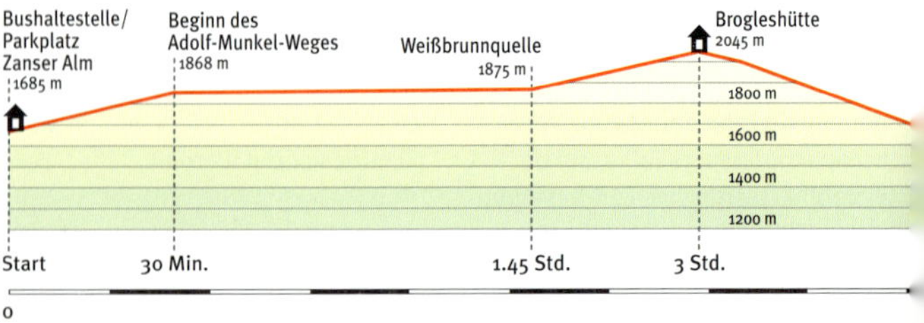

dem breiten Forstweg, der mäßig steil an den blumenübersäten Almwiesen vorbei in den dichten Bergwald hinaufführt. Wir wandern immer am Tschantschenonbach entlang, der auch St. Zeno-Bach heißt, was bei weitem leichter auszusprechen ist. An der Weggabelung halten wir die Richtung Schlüterhütte/Gampenalm/Kreuzjoch geradeaus. Je höher wir kommen, desto gewaltiger türmen sich nun vor uns die Geislerspitzen auf. In den kreuzenden Forstweg biegen wir Richtung Zanser Alm rechts ein, überqueren den Tschantschenonbach und schlagen gleich nach der Brücke links den nach Brogles ausgeschilderten Steig ein.

Wir sind jetzt auf dem **Adolf-Munkel-Weg** (Nr. 35). Pate war der Gründer der Alpenvereinssektion Dresden, die um die Jahrhundertwende den Bergsteig unterhalb der Nordabbrüche der Geisler anlegen ließ. Mäßig steil wandern wir durch den schönen Hochwald aus Fichten, Lärchen und Zirben bergauf. Rechts können wir einen Blick auf die Aferer Geisler jenseits des Villnösstals erhaschen. Dann öffnet sich der grüne Vorhang, und die Geislerspitzen stehen in ihrer vollen Größe vor uns. Wir sehen den gewaltigen Block des Sass Rigais und links daneben die in Bergsteigerkreisen hochgerühmte Nordwand der Furchetta, die erstmals 1925 durchstiegen wurde. Auf italienisch heißen die zackigen Geislerspitzen, die aus Schlerndolomit

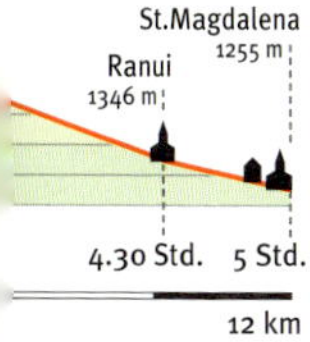

aufgebaut sind, völlig zu Recht *Odle*, »Nadeln«.

Der Adolf-Munkel-Weg verläuft meist auf der dem Villnösstal zugewandten Seite durch den recht ursprünglichen Bergwald sanft bis mäßig steil bergauf. Nur ab und an verlieren wir einige Höhenmeter. Immer wieder kommen wir an Lichtungen vorbei, die herrliche Rastplätze mit großartiger Aussicht sind. Neben den allgegenwärtigen Alpenrosen blühen hier so seltene Pflanzen wie das Schweizer Mannsschild und die Teufelskralle. Alle Abzweigungen, ob zur Glatschalm oder zur Gschnagenhardtalm, lassen wir unbeachtet.

Nach einer guten Stunde erreichen wir einen steilen Erosionshang und folgen anschließend dem Adolf-Munkel-Weg halblinks in Kehren hinab zum Schutthang am Fuß der Mittagsscharte. Vor uns in der Höhe können wir die Brogleshütte erkennen, zu der wir hinauf müssen. Entlang des meist trockenen Bachbetts stapfen wir aber zunächst weiter abwärts und gelangen zur tiefsten Stelle des Abstiegs. An der **Weißbrunnquelle** (1.45 Std.) sollte man die Gelegenheit nutzen, die Wasserflasche aufzufüllen, denn der Schlußanstieg zur Broglesalm ist recht schweißtreibend.

*St. Johann in Ranui vor den Geislerspitzen*

Wir passieren eine Abzweigung zum Villnösstal (2 Std.), die als Notabstieg bei einem Wetterumschwung dienen könnte, und steigen weiter kräftig bergauf. Den nahen Abzweig zur Mittagsscharte wie auch den späteren zur Panascharte ignorieren wir. Wir gelangen zum **Klieferbach** (2.30 Std.), an dem rechts der Steig Nr. 28 beginnt, der später unser Abstiegsweg sein wird. Vorerst bleiben wir jedoch geradeaus und bewältigen den strammen Schlußanstieg zur **Brogleshütte** (3 Std.). Das große Almgebäude liegt in einer Wiesenmulde am Nordfuß der Seceda, des westlichsten Pfeilers der Geislergruppe. Zurück streicht unser Blick über die anderen Türme und Zacken der Geisler bis hin zur Schlüterhütte. Von alters her werden auf den Brogleswiesen Kühe aus Lajen geweidet, das – weit entfernt – hoch über dem Eisacktal liegt.

Wer mag, kann nach der Rast an der Brogleshütte auch zum Grödner Tal absteigen (s. Tour 6). Wer jedoch nach Villnöss zurückkehrt, wandert zunächst wieder hinab zum **Klieferbach** und schlägt hier halblinks den Steig Nr. 28 ein, der auf der rechten Seite des tief eingeschnittenen Wildbaches durch den Wald steil abwärts führt. Später wird der schöne Bergsteig zu einem breiten Forstweg (3.30 Std.), der zwar weniger abschüssig, auf die Dauer jedoch etwas eintönig ist. Die kleinen Pfade, die immer wieder abzweigen, sollte man auf keinen Fall nehmen, sie führen in die Irre. Ein paar Mal wechselt der Fahrweg die Seite des Baches, und immer wieder haben wir faszinierende Rückblicke auf die Geislergruppe.

Bereits weit unten im Tal passieren wir einen Parkplatz und gehen auf der kleinen Teerstraße weiter. Kurz darauf sehen wir links inmitten der Wiesen das reich bemalte Kirchlein **St. Johann,** das 1744 neben dem uralten Hof **Ranui** errichtet wurde (4.30 Std.). Wir bleiben auf dem Asphaltsträßchen und erreichen die Einmündung in die Straße zur **Zanser Alm**, auf der wir sanft bergab nach **St. Magdalena** gehen. An der Brücke unten vor dem Dorf befindet sich die Bushaltestelle (5 Std.).

Tour 6

# Grüne Matten über Gröden

**Auf dem Raschötz-Höhenweg und durchs Annatal nach St. Ulrich**
Die Raschötz mit ihren maximal 2317 m Höhe kann sich mit den Bergriesen der Umgebung nicht messen. Dafür verläuft auf dem langgestreckten Bergzug oberhalb von St. Ulrich über die weiten Almwiesen ein Panoramaweg, der in Südtirol seinesgleichen sucht.

## DIE WANDERUNG IN KÜRZE

\+ Anspruch

4 Std. Gehzeit

950 m Abstieg

**Charakter:** Leichte Bergwanderung mit langem Abstieg auf guten Bergwegen und -steigen

**Wanderkarten:** Tabacco Blatt 05 oder 030; Kompass Blatt 59

**Einkehrmöglichkeiten:** Restaurant/Bar an der Sessellift-Bergstation, Jausenstation Casonhütte, Brogleshütte, Café Val d'Anna, Gasthäuser in St. Ulrich

**Anfahrt: Mit dem PKW:** Von Waidbruck im Eisacktal auf der Staatsstraße Nr. 242 durch das Grödner Tal oder von Völs, Seis und Kastelruth über den Panider Sattel nach St. Ulrich. **Mit dem Bus:** Mehrmals täglich SAD-Busse der Linien Bozen–Waidbruck–Plan, Brixen–Klausen–Plan und Völs–Seis–Kastelruth–Plan

**Fahrzeiten:** Sessellift von St. Ulrich zur Raschötz Mitte Juni bis Mitte Okt. 8.30–12, 13–17.40 Uhr (Ende Juli bis Ende Aug. durchgehend); die Auffahrt dauert 20 Min.; Seceda-Seilbahn von Mitte Juni bis Mitte Okt. 9–17 Uhr

**Hinweis:** Sollte der Weg Nr. 3 von der Brogleshütte über die Broglesscharte gesperrt sein, muss zum Broglessattel zurückgekehrt und der Weg Nr. 5 genommen werden, der nach St. Ulrich führt.

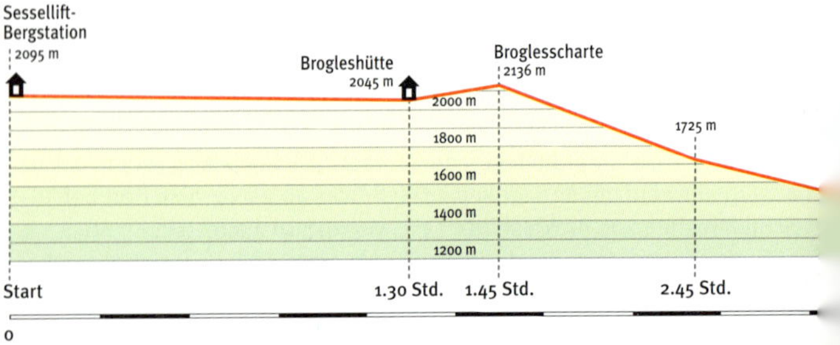

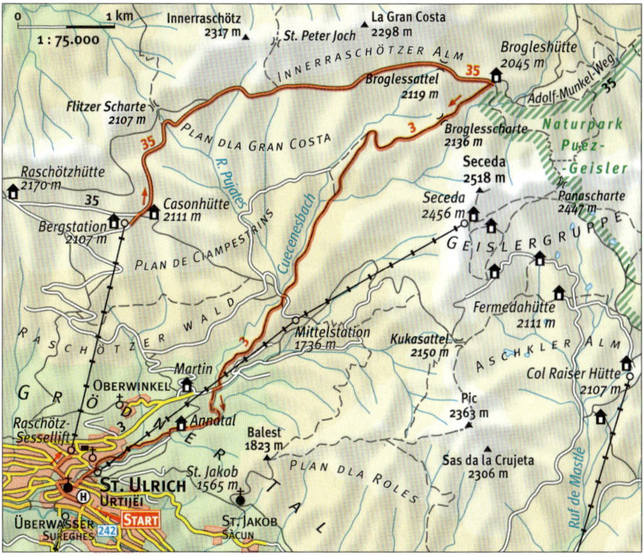


Vom St.-Antonius-Platz in **St. Ulrich,** an dem sich der zentrale Busplatz befindet, gehen wir an der kleinen **Antoniuskirche** (17. Jh.) und am Café Corso vorbei und folgen der zeitweise als Fußgängerzone ausgewiesenen **Streda Rezia** durch das geschäftige Ortszentrum. Wir spazieren am nüchternen Zweckbau des Kongreßzentrums entlang zur barocken **Pfarrkirche** zum hl. Ulrich (18. Jh.) und biegen hier leicht links in die bergan führende Streda Sneton ein. An der Pensione Al Sole halten wir uns rechts und gehen hinauf zur **Talstation des Raschötz-Sessellifts**.

In den offenen Einzelsesseln lassen wir uns hinauf zur **Bergstation** schaukeln. Von der Terrasse des Restaurants genießen wir den ersten Ausblick: Wir sehen die mächtige Felsenburg der Sella, die eisbedeckte Marmolèda, das Felsenriff des Langkofels, die weite grüne Hochfläche der Seiser Alm und dahinter die Zacken der Rosengartengruppe. An der nahen Weggabelung schlagen wir rechts den Steig Nr. 35 ein. Die Hinweistafel verspricht reichlich bemessene 2 Stunden bis zur Brogleshütte. Nach ein paar Minuten vereinigt sich unser Steig mit einem breiten Ziehweg, auf dem wir leicht bergauf weiterwandern. Nun haben wir die Geislergruppe im Blick. Oben an der Seceda, dem westlichsten Gipfel der Geislergruppe, erkennen wir die Bergstation der Seilbahn.

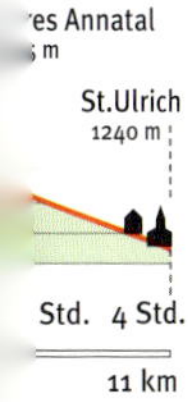


Wir kommen an einer kleinen Alm, der **Malga Cason,** vorbei, die als Jausenstation geführt wird (10 Min.), und halten uns hier halblinks. Hinter uns erhebt sich der Schlern. Der

*Malga Cason auf der Raschötzer Alpe, im Hintergrund die Geislerspitzen*

breite Weg führt mäßig steil hinauf zu einem Kruzifix und schwingt sich dann hinab zu einer Almwiese. Den Abzweig zur Flitzer Scharte lassen wir links liegen und wandern auf dem Ziehweg wieder leicht bergan. Wir treten bald aus dem Wald heraus und haben den fast ebenen Panoramaweg über die grünen Matten der **Innerraschötzer Alpe** vor uns, der zum Bummeln verführt. Die grasenden Kühe und die blonden Haflingerpferde passen in das stimmungsvolle Bild. Manche Fohlen sind stets auf der Suche nach Zucker, den ihnen unvernünftige Wanderer auch geben. Geologisch gesehen gehört die Raschötz, die nach Norden steil zum Villnösstal abbricht, zur Bozner Quarzporphyrplatte.

Dann fällt unser Weg sanft zum **Broglessattel** ab. Auf dem anfangs grob gepflasterten Karrenweg steigen wir rasch zur **Brogleshütte** hinunter (1.30 Std.). An schönen Tagen sind alle Plätze vor dem Almgebäude besetzt, aber die frische Milch schmeckt auch auf der Wiese. In aller Ruhe können wir den Ausblick auf die Geislerspitzen genießen: Die Panascharte trennt die Seceda von der Kleinen und Großen Fermeda, weiter ostwärts erheben sich Sass Rigais und Furchetta.

Vor dem langen Abstieg ins Grödner Tal steht uns erst noch ein kurzer Anstieg bevor. An der Brogleshütte wenden wir uns nach rechts, um an der nahen Weggabelung nochmals rechts zu gehen. Wir wählen den Weg mit der Nr. 3 nach St. Ulrich. Über Wiesen, durch die sich tiefe Erosionsrinnen ziehen, kraxeln wir zum breiten Almsattel der **Broglesscharte** hinauf (1.45 Std.). Wir haben einen weiten Ausblick über die gesamte Raschötz und auf den Schlern. Zwischen beiden erhebt sich am Horizont der Ortler.

Der gut angelegte Weg führt dann durch den schönen Bergwald mäßig steil bergab. Wir kommen ganz nahe an die Abbruchkante der Seceda heran (Vorsicht!). Diese steile, klar geschichtete Westwand ist gleichsam ein aufgeschlagenes Buch der Erdgeschichte, das 30 Mio. Jahre vom Erdzeitalter des Perm bis zum Mitteltrias dokumentiert. Wer darin lesen kann, erkennt unten den rotbunten Grödner Sandstein als Verwitterungsprodukt des Porphyr, darüber graue Bellerophon-Schichten, die nach einem Fossil, der Bellerophonschnecke, benannt sind, denen sich oben die gelblich-grauen Werfener Schichten anschließen. Auf dem weiteren Abstieg überqueren wir wenig später ohne Steg einen Bergbach, was bei normalem Wasserstand kein Problem ist (2.30 Std.), und wandern durch das liebliche Wiesental weiter bergab. Dann geht es ganz dicht am **Cuecenes-Bach** entlang, der sich ein breites Schotter- und Geröllbett gefräst hat. Wir bleiben dem 3er-Weg auf der linken Bachseite treu und ignorieren alle Brücken.

Bald kreuzen wir den **Troi Paian,** der auf Deutsch »Heidenweg« genannt wird (2.45 Std.). Dieser Steig, der hoch über dem früher hochwassergefährdeten und unzugänglichen Grödner Talgrund verläuft, wurde wahrscheinlich schon in der späten Bronzezeit (um 1000 v. Chr.) als Handelsweg zum Eisacktal begangen. Wem der bisherige Abstieg in die Knochen gefahren ist, kann auf dem Troi Paian (Nr. 8) nach links zur nahen Mittelstation der Seceda-Seilbahn hinaufsteigen.

Unser Fußweg (weiterhin Nr. 3) wird für eine kurze Strecke zu einem breiten Waldweg, führt dann aber wieder als Steig parallel zur Seilbahntrasse durch den Wald kräftig abwärts. Auch dieser Weg ist ein uralter Ziehweg, der vor Jahrhunderten mühsam angelegt wurde. Rechts hören wir den Cuecenes-Bach rauschen. Wenn wir die Seilbahn unterqueren, öffnet sich plötzlich das Tal, und wir merken, wie hoch wir noch sind. An einem Hof vorbei erreichen wir eine kleine Teerstraße, der wir kurz bergab folgen. In der nächsten Kurve bleiben wir auf dem Naturfahrweg in Richtung St.Ulrich-Zentrum/Annatal geradeaus (3.15 Std.).

Durch das obere **Annatal** wandern wir steil bergab. Es hat viel von seiner Ursprünglichkeit verloren, seitdem eine Skipiste hindurchführt. Mehrmals kreuzen wir den Annabach und erreichen schließlich das **Café Val d'Anna,** ein beliebtes Ausflugsziel für Spaziergänger (3.30 Std.). An der Gabelung halten wir uns halblinks, überqueren den Bach und folgen dem Fußweg, der nahe am Wasserlauf bleibt. Die Gemeindeverwaltung hat sich Mühe gegeben und den unteren Teil des Annatales in ein hübsches, parkähnliches Areal verwandelt. Später wechseln wir wieder auf die rechte Seite des Annabaches und folgen dem Spazierweg weiter talwärts.

Wir kommen an der **Talstation der Seceda-Seilbahn** vorbei, die sich am anderen Ufer befindet, gehen nach links über die Holzbrücke und biegen rechts in die Straße ein. Auf dem Schotterfahrweg bleiben wir geradeaus und erreichen rasch die **Pfarrkirche** zum hl. Ulrich. Auf der vom Hinweg bekannten Strecke schlendern wir durch das Zentrum von **St. Ulrich** zur Bushaltestelle am St.-Antonius-Platz zurück (4 Std.).

Tour 7

# Mondberge

## Vom Grödner Joch zur Puez und durch das Langental nach Wolkenstein

Die Puez gehört zu den stilleren Regionen der Dolomiten. Die höchsten Erhebungen sind verwitterte Schutt- und Geröllberge, eine wahre Mondlandschaft, die dennoch eine herbe Schönheit ausstrahlt.

### DIE WANDERUNG IN KÜRZE

++ Anspruch

6 Std. Gehzeit

1100 m Abstieg

**Charakter:** Anstrengende hochalpine Wanderung mit langem Abstieg; der oberste Abschnitt des Langentals erfordert Trittsicherheit und Schwindelfreiheit.

**Wanderkarten:** Tabacco Blatt 05; Kompass Blatt 59

**Einkehrmöglichkeiten:** Baita Clark, Puezhütte, Gasthäuser in Wolkenstein

**Anfahrt: Mit dem PKW:** Das Grödner Joch kann vom Gadertal wie auch vom Grödner Tal erreicht werden; aus dem Val di Fassa fährt man über das Sellajoch. Wegen der fehlenden Busverbindung am späten Nachmittag ist es nötig, den Wagen in Wolkenstein zu parken und mit dem Bus hinauf zum Ausgangspunkt zu fahren. **Mit dem Bus:** Mehrmals am Tag von Klausen über St. Ulrich und Wolkenstein oder vom oberen Gadertal über Corvara

Wie so viele Paßstraßen in den Dolomiten wurde auch die Straße über das Grödner Joch, das von alters her ein wichtiger Übergang zwischen den ladinischen Tälern Gröden und Abtei ist, im Ersten Weltkrieg zur Versorgung der Dolomitenfront erbaut. Von der Bushaltestelle an der **Schutzhütte Grödner Joch** gehen wir auf der Paßstraße Richtung Gadertal die wenigen Schritte zum **Hotel Cir** hinunter. Hier

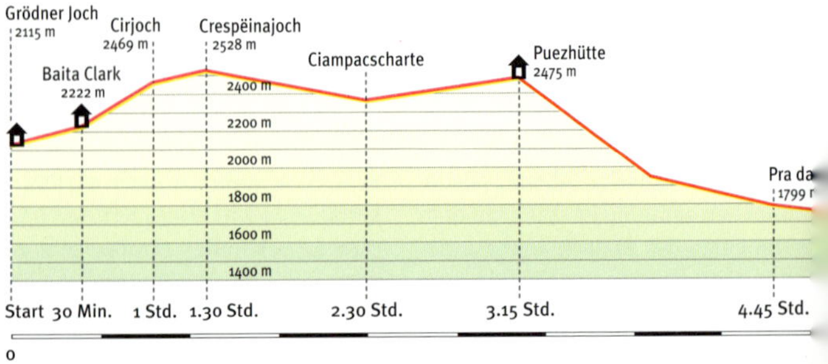

beginnt links der Wanderweg Nr. 2, der mäßig steil zunächst als Fahrweg, dann als Bergsteig zur **Baita Clark** hinaufführt (30 Min.). Weit können wir in das Gadertal schauen, über dem sich die Kreuzkofelgruppe erhebt. Aber das Bild bestimmt der massige Klotz der Sella über dem Grödner Joch.

Wir gehen an der Berghütte vorbei und halten uns Richtung Cirjoch/Puezhütte halblinks. Der bisherige Anstieg war gleichsam die Ouvertüre, jetzt geht es richtig zur Sache. Durch Latschenfelder windet sich der Weg eine Steilstufe hinauf zu einem namenlosen Sattel. Dahinter tut sich überraschend ein gewaltiger, von den Zacken und Nadeln der Cirspitzen umgebener Felsenkessel von unwirklichem Reiz auf. Der Steig fällt ein wenig ab und steigt nochmals sehr steil zum **Cirjoch** an (1 Std.). Vor uns erhebt sich die kompakte Bastion der Puez, nach links streicht unser Blick durch das obere Chedultal weit in das Grödner Tal hinab und hinüber zu den grünen Matten der Seiser Alm. Am Horizont zeichnen sich die Stubaier und Zillertaler Alpen ab, zwischen denen der Einschnitt des Brenners gut zu erkennen ist.

Wir durchschreiten das Holzgatter und wenden uns sofort nach rechts. Auf dem 2er-Steig verlieren wir nun etliche Höhenmeter, denn wir müssen den obersten Talschluß des **Chedultals** ausgehen. An der Weggabelung bleiben wir Richtung Puezhütte geradeaus. Vor uns sehen wir den Sattel, zu dem wir wieder hinauf müssen. Der schmale, ordentliche Weg zieht sich nun zunächst fast eben den Hang entlang. Aber ein zweiter steiler, allerdings kürzerer

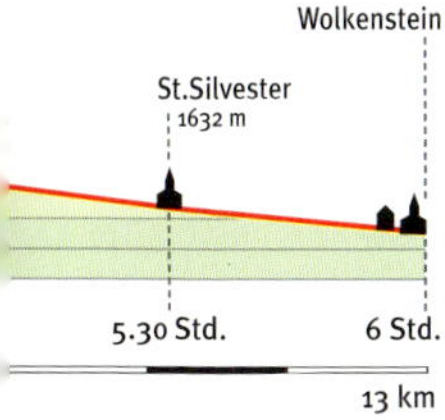

Anstieg hinauf zum **Crespëinajoch** bleibt uns nicht erspart (1.30 Std.).

Wir folgen weiterhin dem Steig Nr. 2, der nach links in eine Mulde hinabführt. Vor uns erstreckt sich die graue karstige **Crespëina-Hochfläche,** die nur von wenigen grünen Flecken unterbrochen wird. Ein paar kegelförmige Erhebungen, die von riesigen Schutthängen umgeben sind, wittern still vor sich hin. Einzig der türkisblaue Crespëinasee unter uns ist ein willkommener Farbtupfer in dieser Einöde, von der gerade an trüben Tagen eine faszinierend melancholische Stimmung ausgeht. Der Steig führt etwas oberhalb der Wasserfläche entlang und beginnt wieder mäßig anzusteigen.

Wenig später folgt der vielleicht genußvollste Abschnitt der Wanderung. Ohne Anstrengung bummeln wir über die ausgedehnte Hochfläche und können uns von der einzigartigen Atmosphäre gefangen nehmen lassen. Hier verläuft auch der Dolomiten-Höhenweg Nr. 2, der in 12 bis 14 Tagesetappen von Brixen nach Feltre führt. Allmählich schwingt sich der Steig hinab, und wir gelangen zur engen **Ciampacscharte,** die nach zwei Seiten jäh abbricht (2.30 Std.). Rechts schauen wir tief in das Gadertal. Nach links stürzt sich ein wilder, steinschlaggefährdeter Pfad in das Val Culea, ein Seitental des Langentals.

Unser 2er-Steig führt geradeaus weiter auf Stufen durch einen schmalen Felskamin steil aufwärts. Oben angekommen, wandern wir am Rand der Gherdenacia-Hochfläche, die hauptsächlich aus weißem Kalkfels besteht, weiter bergan. Links können wir im tief eingeschnittenen Langental bereits den späteren Abstiegsweg erspähen. Die Abzweigung zum Sass Songher lassen wir rechts liegen und bleiben auf dem bisherigen Weg, der schließlich die **Puezhütte** erreicht (3.15 Std.). Neben dem kleinen alten Schutzhaus, das einst vom Deutsch-Österreichischen Alpenverein errichtet wurde, steht das 1982 von Sektion Bozen des italienischen Alpenvereins CAI erbaute größere *Rifugio.* Die Rast auf der aussichtsreichen Terrasse wird sich wohl niemand entgehen lassen.

Anschließend kehren wir zum kleineren Gebäude zurück und schlagen hier rechts den Bergsteig Nr. 14 Richtung Wolkenstein ein, der ohne viel Federlesens in den oberen Steilabschnitt des Langentals hinabführt. Der gut markierte Pfad ist schmal und etwas ausgesetzt. Nach der Steilstufe queren wir einen Bach und anschließend einen Schutthang (4 Std.). Etwas tiefer kreuzen wir das breite Schotterbett des Wildbaches und setzen unseren Weg durch Latschenfelder talwärts fort. Rechts tost ein Wasserfall von den Felsen herunter. Rasch erreichen wir den ausgedehnten Bergwald aus Fichten und Lärchen, dazwischen vereinzelt auch Zirbelkiefern.

Wir sind jetzt am Talboden des anmutigen **Langentals,** das von nahezu lotrechten Wänden begrenzt wird. Als eines der wenigen Dolomitentäler ist es weitgehend von menschlichen Eingriffen verschont geblieben. Zahlreiche seltene Pflanzenarten blühen hier, rund 200 Gemsen bevölkern die schroffen Hänge, und sogar ein Steinadlerpaar hat in den Felsen seinen Horst. Auf den **Pra da Ri,** den »Wiesen des Lächelns«, weiden Pferde, Kühe und Ziegen. Am Rand dieser weiten, fast ebenen Weidefläche steht ein kleines Almgebäude (keine Einkehrmöglichkeit). Unser Wanderweg führt in einiger Entfernung daran vorbei. An der Wasserstelle unter dem Kruzifix können wir uns erfrischen und lächelnd darüber nachdenken, woher diese paradiesischen Wiesen ihren Namen haben (4.45 Std.).

Kurz darauf mündet von rechts der Steig Nr. 4 in unsere Route, und wir wandern auf dem breiten Weg sanft abwärts durch den Wald. Die vielen Sitzbänke zeugen davon, daß wir uns nun so langsam wieder der ›Zivilisation‹ nähern. Wir kommen an einem restaurierten alten Kalkofen vorbei, der von einem Holzzaun umgeben ist (5 Std.). In früheren Zeiten wurde in solchen Öfen über Tage hinweg bei hoher Hitze Kalkstein aus den Bergen gebrannt. Mit Wasser vermengt, entstand dann ein Kalkbrei, der als Mörtel und Anstrich für die Häuser diente.

An der Gabelung, an der zum zweiten Mal ein Holzschild mit der Aufforderung »Bleibe auf markierten Wegen« steht, gehen wir halblinks weiter und gelangen rasch zur **Kapelle St. Silvester** am Ausgang des Langentals, die dem Schutzpatron des Viehs geweiht ist (5.30 Std.). Das wohlrestaurierte Kirchlein besitzt kunstvolle Fresken, die über 300 Jahre alt sind und wahrscheinlich vom Geschlecht der Wolkensteiner in Auftrag gegeben wurden. Genau vor uns sehen wir an der Steilwand der Steviola die Ruine Wolkenstein, das Stammschloß der Familie (s. Tour 11).

Um die stark befahrenen Ortsstraßen zu vermeiden, ist der letzte Abschnitt unserer Tour ein Zick-Zack-Kurs. Wir spazieren über die Wiese zum nahen Parkplatz. Genau davor beginnt halblinks ein Fußweg, auf dem wir ein Wäldchen durchqueren. Am Zaun gehen wir dann am ausgedehnten Gelände der früheren Hotelanlage Vallunga entlang, die seit vielen Jahrzehnten das abgeschirmte und streng bewachte Carabinieri-Sportzentrum beherbergt. Viele italienische Sportler sind Angehörige dieser paramilitärischen Polizeieinheit und trainieren hier. Am Eingang des Zentrums biegen wir in die kleine Teerstraße links ein.

Vorbei am Café Val, dem ersten von vielen Einkehrmöglichkeiten in **Wolkenstein,** gelangen wir auf dem Asphaltsträßchen zu einer kreuzenden Vorfahrtstraße, die wir überqueren. Leicht rechts versetzt, durchschreiten wir am »Haus Helene« eine kleine Holztür, die wie ein privater Durchschlupf aussieht. Aber keine Scheu, die Passage ist offiziell gestattet. Unser Wiesenweg passiert einen Bachlauf und findet seine Fortsetzung als schmaler Fußweg, der aus Steinplatten besteht. In die erste öffentliche Straße biegen wir rechts ein. Wie uns das Straßenschild etwas später verrät, sind wir auf der Cir-Straße, die wir aber genau am Schild nach links verlassen. Auf dem Sträßchen gehen wir abwärts zur neogotischen **Pfarrkirche** (19 Jh.), die noch vor wenigen Jahrzehnten einsam auf einer weiten Wiesenfläche stand. Heute ist das Gotteshaus längst von Hotelbauten umgeben. Wir folgen geradeaus der Nives-Straße. Am »Haus Resi« wenden wir uns nach links und gehen dann auf der Vorfahrtstraße geradeaus weiter. In die kreuzende Staatsstraße biegen wir rechts ein und finden an der nahen Seilbahnstation die **Bushaltestelle** (6 Std.).

# Ein Königsweg

## Vom Sellajoch um den Langkofel

Um die Jahrhundertwende besuchte der sächsische König Friedrich August das herrliche Langkofelmassiv und wanderte an seinem Südfuß entlang zur Seiser Alm. Schon bald darauf wurde dieser Weg markiert und nach dem sächsischen Herrscher benannt.

### DIE WANDERUNG IN KÜRZE

**++** Anspruch

**6 Std.** Gehzeit

**300 m** An-/Abstieg

**Charakter:** Lange und daher anstrengende Hochgebirgstour auf guten Bergwegen; der kurze Abstieg vom Ciaulonchsattel erfordert etwas Schwindelfreiheit und Trittsicherheit. Die Tour kann auf 2 Tage aufgeteilt werden.

**Wanderkarten:** Tabacco Blatt 05 oder 06; Kompass Blatt 59

**Einkehrmöglichkeiten:** Sellajochhaus, Emilio-Comici-Hütte, Plattkofelhütte, Rif. Sandro Pertini, Rif. Federico Augusto, Rif. Salai, Rif. Valentini

**Unterkunft:** Plattkofelhütte (50 Schlafplätze; Mitte Juni bis Mitte Okt.).

**Anfahrt: Mit dem PKW:** Das Sellajochhaus (großer Parkplatz) erreicht man sowohl aus dem Grödner Tal wie auch aus dem Val di Fassa auf der Staatsstraße Nr. 242; aus dem Gadertal über das Grödner Joch und aus Arabba/Fodom über den Passo Pordoi. **Mit dem Bus:** Mehrmals täglich Busverbindung von St. Ulrich zum Sellajochhaus und zurück.

Seit Jahrhunderten stellt das **Sellajoch** eine wichtige Verbindung zwischen den beiden ladinischen Tälern Gröden und Fassa dar. Die Straße über den Paß wurde allerdings erst während des Ersten Weltkriegs von den österreichischen Truppen zur Versorgung der Dolomitenfront erbaut. Von der Bushaltestelle am **Sellajochhaus,** das nicht direkt am Paß,

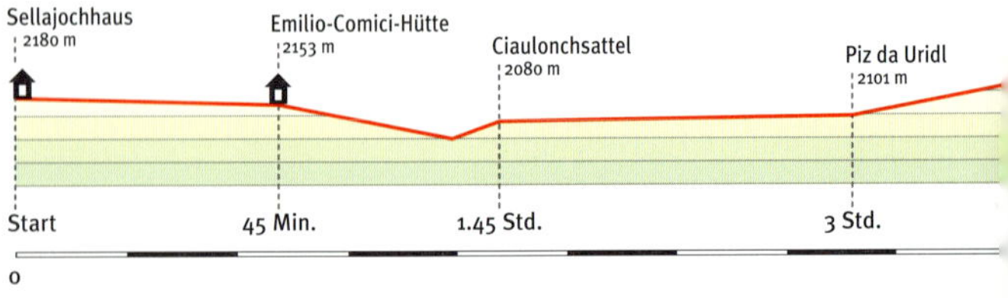

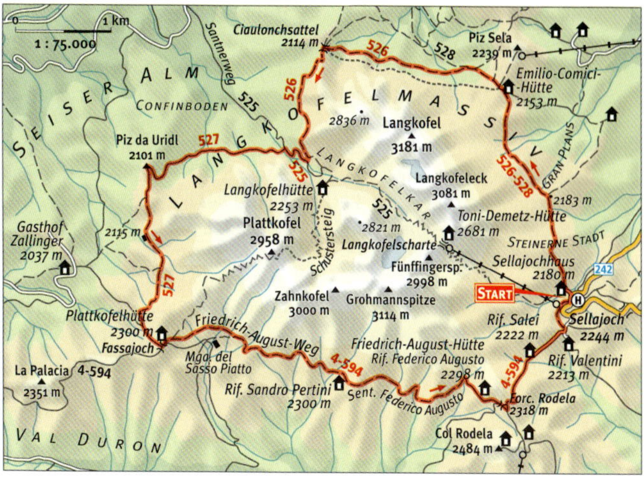


sondern einige hundert Meter westlich davon auf Südtiroler Gebiet steht, gehen wir auf der Straße einige Schritte Richtung Grödner Tal. Am Wegweiser zur Comici-Hütte beginnt links unser Wanderweg (Nr. 526 und 528). Majestätisch erhebt sich vor uns das Langkofelmassiv mit seinen berühmten Gipfeln, der Grohmann- und der Fünffingerspitze. Dem Hauptgipfel, dem Langkofel, ist das Langkofeleck vorgelagert.

An der Weggabelung vor einer kleinen Holzhütte wenden wir uns halbrechts und sind sofort in der **Steinernen Stadt.** Sie besteht aus gewaltigen Felstrümmern, die von einem alten Bergsturz herrühren. Der Weg durch das Labyrinth aus Steinen ist schlecht markiert, aber die vielen Pfade vereinigen sich alle wieder. Wichtig ist nur, die Höhe zu halten und nicht zu weit anzusteigen. Ab dem kleinen Sattel am lichten Bergwald (20 Min.) ist der weitere Wegverlauf eindeutig.

Über die Almwiesen wandern wir auf dem ordentlichen Bergsteig mäßig steil bergauf. Schräg vor uns erkennen wir die Puezgruppe, neben uns den mächtigen Sellaklotz und scharf rechts den Firngletscher der Marmolèda. Fast eben führt dann der Steig zu einem Wiesensattel mit einem Kruzifix (30 Min.). Genußvoll und ohne jede Anstrengung bummeln wir über die Hochweiden **Gran Plans** und **Plan da Tambres** weiter

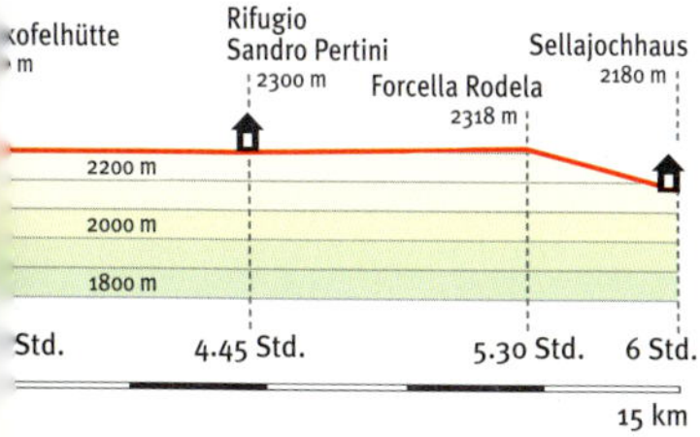

und können in der Ferne den Verlauf der Straße zum Grödner Joch überblicken. Nur die letzten Meter hinauf zur **Emilio-Comici-Hütte** sind etwas steiler (45 Min.). Das private Schutzhaus ist nach einem der bedeutendsten Dolomitenkletterer benannt, der im Jahr 1933 als erster die Nordwand der Großen Zinne in den Sextner Dolomiten durchstieg, damals eine alpinistische Sensation.

Wir bleiben geradeaus Richtung Seiser Alm und folgen dem Weg Nr. 526 bergab. An der nächsten Gabelung halten wir uns Richtung Langkofelhütte auf dem 526er-Steig halblinks. Dieser untere Weg ist trotz des Höhenverlustes letztendlich bequemer und sicherer als der ebenfalls ausgeschilderte obere Steig. Der steinige Pfad führt zu einem kleinen See hinunter und geradeaus weiter. An der nächsten Verzweigung nehmen wir den markierten Steig am Wasserfall vorbei.

Wir wandern leicht bergauf und queren bald das große Geröllfeld (1.20 Std.), das man bereits von der Comici-Hütte sehen konnte. Die Häuser weit unten im Tal gehören zu Wolkenstein, der grüne Taleinschnitt ist das Langental. Im lichten Zirbenwald kraxeln wir im Auf und Ab zwischen den Felsblöcken eines alten Bergsturzes hindurch (auf Markierungen achten!). Später führt der Steig dann kräftiger bergan zum **Ciaulonchsattel** (1.45 Std.), einem wunderschönen Rastplatz. Weit blicken wir über die Seiser Alm hinüber zum Schlern und zu den Roßzähnen vor dem Rosengarten.

Vom Sattel geht es auf dem anfangs schmalen Steig Nr. 526 an einem bröckeligen, ausgesetzten Hang zunächst ein paar Meter sehr steil bergab, dann auf dem nun wieder ordentlichem Weg leicht bergauf in das Langkofelkar hinein. Auf der anderen Talseite, jenseits des tiefen Einschnitts, ist schon der spätere Weiterweg zu sehen. Mächtig ragen die Wände des Langkofels in den Himmel. Es gilt nun, das **Langkofelkar** möglichst günstig zu queren. Dort, wo der 526er-Steig zur Langkofelhütte emporführt, wählen wir den Weg Nr. 527 nach rechts Richtung Plattkofelhütte (2.15 Std.). An der nächsten Gabelung bleiben wir geradeaus und halten uns an der folgenden Verzweigung halblinks. Auf dem breiten Querweg, der auf der anderen Seite des Steiltales von der Langkofelhütte herabkommt, gehen wir geradeaus weiter, folgen aber nach wenigen Schritten dem Steig Nr. 527 nach links (Plattkofelhütte).

Zunächst führt der Steig sacht bergab. Den schmalen Pfad am Waldrand nach rechts ignorieren wir. Erst mäßig, dann immer steiler steigen wir zum Aussichtsplatz **Piz da Uridl** hinauf (3 Std.). Die deutsche Bezeichnung Hohes Eck klingt dagegen langweilig und weit weniger romantisch. Wie ein grüner Teppich liegt die weite Hochfläche der Seiser Alm vor uns, über der sich der sanfte Grasmugel des Puflatsch erhebt.

Nicht mehr ganz so steil, aber stetig ansteigend zieht sich anschließend unser Weg den Hang unterhalb des Plattkofels entlang. Das Haus mit dem Kirchlein unten in der Mulde ist der Gasthof Zallinger. Wir treffen schließlich auf einen breiten Naturfahrweg, auf dem wir steil hinauf zum **Fassajoch** steigen. Unterhalb der markanten schrägen Westwand des Plattkofels, die vor undenkbaren Zeiten die Oberfläche eines untermeerischen Schuttkegels war, steht hier, genau an der Grenze zwischen Südtirol und dem Trentino, die private **Plattkofelhütte** (3.45 Std.).

*Die Steinerne Stadt am Langkofel*

Beim Schutzhaus schlagen wir den oberen Steig leicht links Richtung Sellajoch ein und beachten weder den breiten Fahrweg hinab zur Alm Malga del Sasso Piatto noch den Anstieg zum Plattkofel. Mit Blick auf die eisbedeckte Marmolèda spazieren wir jetzt auf dem **Friedrich-August-Weg,** der in leichtem Auf und Ab oberhalb der Alm entlangführt und sich dann mäßig steil zu einem schwach begrünten Sattel hinaufschwingt (4.20 Std.). Weit unten im Val di Fassa erkennen wir Campitello, vor uns den Col Rodela mit der Bergstation der Seilbahn, rechts den Rosengarten mit dem Kesselkogel.

Der Weiterweg verläuft ohne größere Höhenunterschiede parallel zum tief eingeschnittenen Val Durón. Seit Jahrhunderten dient das Tal als Weide und zur Heumahd. Noch hier oben an den steilen Wiesenhängen weiden die Schafe. Später führt unser Weg leicht bergab, wobei es eine kurze felsige Passage zu meistern gilt. Es folgen zwei kurze Gegenanstiege, dann haben wir das kleine private **Rifugio Sandro Pertini** erreicht (4.45 Std.).

Leicht bergauf und bergab wandern wir auf dem Friedrich-August-Weg weiter. Bald kommt die Sella mit dem Piz Boè in Sicht, und wenig später haben wir einen tollen Blick fast durch das gesamte Fassatal. Nach einem kräftigen Schlußanstieg stehen wir vor dem jüngst renovierten **Rifugio Federico Augusto**. Am großen Schutzhaus biegen wir rechts in den breiten Naturfahrweg ein und gehen die wenigen Meter hinauf zur nahen **Forcella Rodela** (5.30 Std.). Schlagartig ändert sich an diesem breiten Sattel die Szenerie. Vor der imposanten Kulisse der mächtigen Felsenburg der Sella erstreckt sich ein Skigebiet, das mit seinen mühsam begrünten Hängen und den erodierten Schneisen wahrlich keine Augenweide ist.

Am Paß unterhalb des Col Rodela halten wir uns links und stiefeln auf dem breiten Pistenweg das malträtierte Tal hinunter. Vorbei an zwei einsamen Berggasthäusern, in denen nur während der Skisaison Trubel herrscht, kehren wir zum **Sellajochhaus** an der Paßstraße zurück (6 Std.).

Tour 9

# Zu den Hexenbänken

## Von Compatsch auf der Seiser Alm hinauf zum Puflatsch

Auf dem Puflatsch, der die Seiser Alm im Nordwesten begrenzt, fällt eine merkwürdige Felsformation auf: die »Hexenbänke«. Selbst die Wissenschaft kann sich die Entstehung der zwei großen steinernen Sitze mit Lehne nicht erklären. Eine Laune der Natur? Eine vorgeschichtliche Kultstätte?

### DIE WANDERUNG IN KÜRZE

\+ Anspruch

2.30 Std. Gehzeit

350 m Abstieg

**Charakter:** Leichte Bergwanderung auf guten Wegen und schmalen Straßen

**Wanderkarten:** Tabacco Blatt 05; Kompass Blatt 59

**Einkehrmöglichkeiten:** Gasthof an der Bergstation des Puflatsch-Liftes, Arnikahütte, AVS-Schutzhütte, Gasthäuser in Compatsch

**Anfahrt: Mit dem PKW:** Von der Straße, die vom Eisacktal bei Blumau über den Panider Sattel nach St. Ulrich im Grödner Tal führt, zweigt zwischen Seis und Kastelruth die gut ausgebaute Straße hinauf nach Compatsch auf der Seiser Alm ab, eine kleine Straße führt links (Richtung Eurotel) zum Parkplatz Puflatsch kurz vor der Talstation des Sessellifts. **Mit dem Bus:** Von Bozen und aus dem Grödner Tal mehrmals täglich SAD-Busse nach Seis und Kastelruth, dort alle 20 Min. Busanschluß nach Compatsch.

**Fahrzeiten:** Mitte Juni bis Mitte Okt. 9–17 Uhr; Auffahrt etwa 8 Min.

Die Hotelsiedlung **Compatsch** auf der **Seiser Alm** empfängt uns mit Trubel und Lärm, sind doch die weiten Hochweiden vor dem Schlern und dem Rosengarten sommers wie winters ein beliebtes Ausflugsziel. Von der **Bushaltestelle** folgen wir dem Sträßchen links hinauf zum Parkplatz und zur Talstation des **Puflatsch-Lifts.** Für ein paar tausend Lire erkaufen wir uns knapp 300 Höhenmeter Aufstieg und schweben hinauf zur **Bergstation.** Der Ausblick von der Terrasse des Gasthauses auf

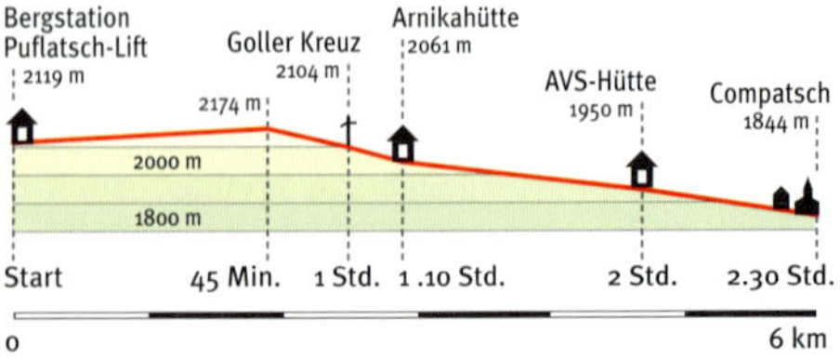

die Seiser Alm, den Schlern, auf Lang- und Plattkofel, zur Sella und hinüber zum Bozner Talkessel ist einfach überwältigend.

Den Lift im Rücken, wenden wir uns nach rechts und folgen dem Fußweg zu einer nahen Gabelung. Wir halten uns halblinks und spazieren leicht bergauf am Andachtsplatz für Bergmessen vorbei zu einem Aussichtspunkt. Ein gemauertes Rondell mit dem stilisierten Panorama der umliegenden Berge erleichtert die Bestimmung der zahlreichen Gipfel und Grate. Auf dem Weg mit dem Holzgeländer gehen wir dann leicht bergab zum kreuzenden Erdfahrweg, auf dem wir in Richtung Hexenbänke rechts sanft bergan weiterwandern. An der nahen Verzweigung bleiben wir auf dem etwas schmaleren Weg geradeaus.

Das Langkofelmassiv zur Rechten, bummeln wir über die hügeligen Wiesen der **Puflatschalpe** sacht bergauf, bis wir an einem großen Kreuz einen weiteren phantastischen Aussichtsplatz erreichen (30 Min.). Tief unter uns liegt St. Ulrich, und durch das Grödner Tal können wir bis zum Massiv der Sella schauen. Gegenüber erheben sich die grünen Hänge der Raschötz, die in die wilden Felszacken der Geislergruppe übergeht.

Den steilen »Schnürlsteig«, der sich hinunter nach Gröden zieht, beachten wir nicht. Auf dem Richtung Hexenbänke ausgeschilderten Weg gelangen wir rasch zum höchsten Punkt des **Puflatsch** (45 Min.). Stünden hier nicht zwei Holzbänke, der unscheinbare Gipfel wäre leicht zu übersehen. Wieder öffnet sich ein grandioses Panorama. Unser Blick geht hinab auf die Mittelgebirgsterrasse von Lajen, dessen große Kirche wir gut erkennen können. Am

Hang des Eisacktals sehen wir das Dorf Villanders und darüber die Sarntaler Alpen und den Ritten.

Vom Puflatschgipfel gehen wir auf dem Weg wenige Schritte bergab und sind an den **Hexenbänken,** die sich am steilen Nordabfall der Alpe befinden. Wer sich traut, kann auf dem steinernen Thron einen luftigen Platz einnehmen. Anschließend bummeln wir auf dem guten Steig über eine licht bewaldete Felsnase zum **Goller Kreuz** (1 Std.), das hoch über Kastelruth steht. Wir halten uns links und erreichen rasch die **Arnikahütte** (1.10 Std.).

Die meisten Wanderer und Spaziergänger kehren von hier zur Sesselliftstation zurück, so daß der Weiterweg nicht mehr ganz so bevölkert ist. An der Berghütte wenden wir uns nach rechts und folgen in Richtung AVS-Hütte dem sacht bergauf führenden breiten Weg. An der Gabelung halten wir uns in Richtung Compatsch leicht rechts. Die nahe Abzweigung nach Kastelruth ignorieren wir. Wir sind jetzt auf dem **AVS-Steig,** der von den Mitgliedern des Alpenvereins Südtirol angelegt und markiert wurde. Noch ein kurzes Stück bergan, dann steht der Schlern in voller Größe vor uns.

*Blick über die Puflatschalpe zur Langkofel-Gruppe*

Wir schlendern über die Puflatschwiesen leicht bergab und kommen an einem weiteren Kreuz vorbei. Anschließend geht es in sanftem Auf und Ab über die Alpe weiter, bis wir auf einen Erdfahrweg treffen, auf dem wir in Richtung Compatsch zu einem Wiesenkamm hinaufwandern und auf der anderen Seite auf den Fahnenmast der **AVS-Hütte** zuhalten (2 Std.). Auf dem Balkon der Schutzhütte läßt sich die Aussicht auf den Schlern bei einer Portion Pasta oder einem Stück Apfelstrudel besonders gut genießen. An schönen Tagen mit guten thermischen Verhältnissen schrauben sich Drachenflieger und Paraglider vom nahen Spitzbichl in ungeahnte Höhen.

Gut gestärkt nehmen wir den Schlußabstieg in Angriff. Auf dem Teersträßchen geht es steil bergab. Kurz hinter dem Eurotel, nicht gerade eine Zierde der Umgebung, können wir auf dem Wiesenpfad eine Kehre abkürzen und erreichen wenig später **Compatsch** (2.30 Std.).

## Die Seiser Alm

Riesig ist die Seiser Alm, die sich auf einer Höhe von rund 2000 m vom Bergmassiv des Schlern im Süden bis zum tief eingeschnittenen Grödner Tal im Norden erstreckt. Mit fast 60 $km^2$ ist sie die größte zusammenhängende Hochalm in Europa. Vulkanisches Tuff- und Lavagestein des Erdaltertums haben die Böden fruchtbar gemacht, und der hohe Tongehalt vermag das Wasser gut zu speichern. So war die Seiser Alm von alters her für die Almwirtschaft der umliegenden Dörfer sehr bedeutend. Einst lagen über die Hochflächen mehr als 70 »Schwaigen«, wie hier die Sennhütten genannt werden, und 400 »Dillen«, Heuhütten, verstreut.

Aber diese Zeiten sind längst vorbei. Heute ist die Seiser Alm sommers wie winters ein überaus beliebtes Urlaubs- und Ausflugsziel. Aus den meisten Schwaigen sind inzwischen Hotels, Pensionen oder Jausenstationen geworden. Die Almwirtschaft spielt nur noch eine untergeordnete Rolle. Über 1 Mio. Besucher in rund 400 000 Autos und Bussen kommen jedes Jahr auf das Hochplateau. Mit Fahrverboten und einem guten Buspendeldienst versuchen die Anrainergemeinden, das Verkehrsproblem in den Griff zu bekommen.

# Das Wahrzeichen Südtirols

## Über die Schlern-Hochfläche zur Seiser Alm

Zu den eindrucksvollsten Bergen der Dolomiten gehört der Schlern mit seinem unverwechselbaren Profil. Wo sich heute karge Wiesen ausbreiten, wuchs einst dichter Wald. Und schon in der späten Eisenzeit errichteten Menschen hier oben eine Kultstätte.

### DIE WANDERUNG IN KÜRZE

**++** Anspruch

**7.30 Std.** Gehzeit

**1000 m** An-/Abstieg

**Charakter:** Lange, jedoch einfache Hochgebirgswanderung; nur am oberen Bärenloch und im Abstieg von der Roßzahnscharte sind Trittsicherheit und Schwindelfreiheit erforderlich. Die Tour kann auf 2 Tage aufgeteilt werden.

**Wanderkarten:** Tabacco Blatt 05 oder 029; Kompass Blatt 59

**Einkehrmöglichkeiten:** Berggasthaus Panorama, Laurinhütte, Saltnerhütte, Schlernhaus, Tierser Alpl Hütte

**Unterkunft:** Schlernhaus (126 Plätze) oder Tierser Alpl Hütte (56 Plätze); beide Mitte Juni bis Mitte Okt.

**Anfahrt: Mit dem PKW:** Von der Straße, die vom Eisacktal bei Blumau über den Panider Sattel nach St. Ulrich im Grödner Tal führt, zweigt zwischen Seis und Kastelruth die Straße hinauf nach Compatsch auf der Seiser Alm ab. **Mit dem Bus:** Von Bozen und aus dem Grödner Tal mehrmals täglich SAD-Busse nach Seis und Kastelruth, dort alle 20 Min. Busanschluß nach Compatsch.

**Fahrzeiten:** Mitte Juni bis Anfang Nov. 8.30–17.30 Uhr; Auffahrt etwa 10 Min.

Von der Bushaltestelle in **Compatsch,** wo sich auch die Parkplätze befinden, gehen wir auf der leicht ansteigenden Seiser-Alm-Straße, die ab hier nur noch eingeschränkt befahren werden darf, geradeaus zur Talstation des **Panorama-Sessellifts.** In knappen 10 Min. schweben wir hinauf zur Bergstation am **Gasthaus Panorama,** das seinem Namen alle Ehre macht: Vor uns erhebt sich der majestätische Schlern, dessen gewaltige Hochfläche nach links bis zur Roterdspitze reicht und dann in die Kette der Roßzähne übergeht. Links sehen wir die Marmolèda, den Platt- und den Langkofel sowie ein Stück der Sella, rechts erkennen wir den Ritten, die Ötztaler Alpen und die Ortlergruppe.

Von der Bergstation wandern wir zunächst einige Schritte geradeaus auf den Schlern zu und schlagen dann rechts den breiten, sanft ansteigenden Weg in Richtung Schlern/ Saltnerschwaige ein. An der Gabelung halten wir uns rechts und gehen an der **Laurinhütte** vorbei. Auf einem Holzbohlensteig queren wir eine feuchte Almwiese und gelangen rasch zu einer Wiesenkuppe. Wir befinden uns jetzt im **Naturpark Schlern,** zu dem auch dieser Teil der Seiser Alm gehört. In der Hauptblütezeit zwischen Mitte Juni und Ende Juli sind hier die Wiesen von zahllosen Alpenblumen bedeckt, die in anderen Teilen der Seiser Alm wegen der intensiven Düngung nicht mehr vorkommen. Das kundige Auge sieht Roten Steinbrech, Enzian, Steinröschen und Eisenhut. (Es versteht sich von selbst, daß im Schutzgebiet keine Blume gepflückt werden darf.)

Der Gipfelsturm zum Schlern wird vorerst gebremst, denn wir müssen einen kräftigen Höhenverlust in Kauf nehmen. Es geht – bald parallel zu einem Bachlauf – über die Wiesen der Tschapitalpe hinunter zu einem Erdfahrweg. Auf der Brücke überqueren wir den Gumerdunbach nach links und folgen dem Fahrweg einige Schritte leicht bergauf zu einer alten Almhütte. Hier an der Gabelung bleiben wir geradeaus und erreichen im leichten Auf und Ab die **Saltnerhütte** (45 Min.). Im Namen der gemütlichen Jausenstation lebt eine Einrichtung fort, die bis zum Anfang des 19. Jh. bestand. In der Pfingstwoche eines jeden Jahres wurde der »Castelrutterische Seiser-Albm-Zetl« verlesen, mit dem einst die Weiderechte auf der Seiser Alm geregelt und von den »Saltnern« überwacht wurden.

Von der Hütte steigen wir zum nahen **Tschapitbach** ab. Nach der Brücke beginnt der harte Gipfelanstieg. Zunächst hält sich die Steigung im lichten Bergwald noch in moderaten Grenzen. Bei schönem Wetter sind auf dem ordentlichen Weg, der den leichtesten Zugang zum Schlern darstellt, denn auch Hunderte von Wanderern unterwegs. Während des Aufstiegs queren wir einige trockene Bachläufe, die nach Gewittern zu tosenden Wildbächen werden können. Von diesen Wasserläufen, auf Ladinisch *sala* oder *saléra*, leitet sich wahrscheinlich auch der Name Schlern ab.

Bald treten wir aus dem Waldbereich. Zwar ist der **Touristensteig,** der sich in Serpentinen in die Höhe schraubt, weiterhin nicht allzu steil, aber am Vormittag ist er arg der Sonne ausgesetzt. Später wird der Weg steiler und steiniger. Nach ein paar felsigen, aber problemlosen Passagen erreichen wir schließlich die grasbedeckte **Hochfläche des Schlern** (2.30 Std.), hinter der wir die Zacken und Türme des Rosengartens sehen können.

In Richtung Schlernhaus wandern wir auf dem Weg Nr. 1 geradeaus

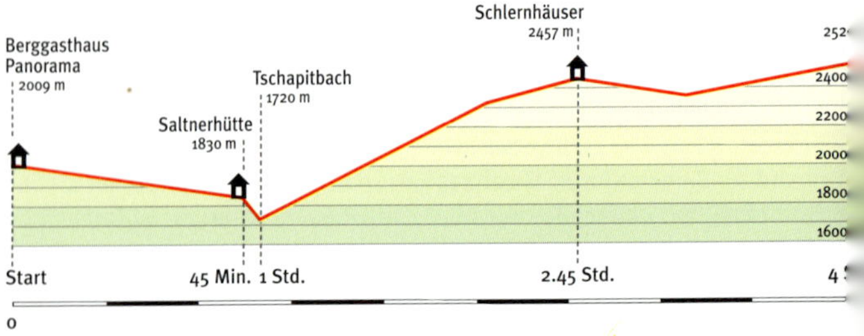

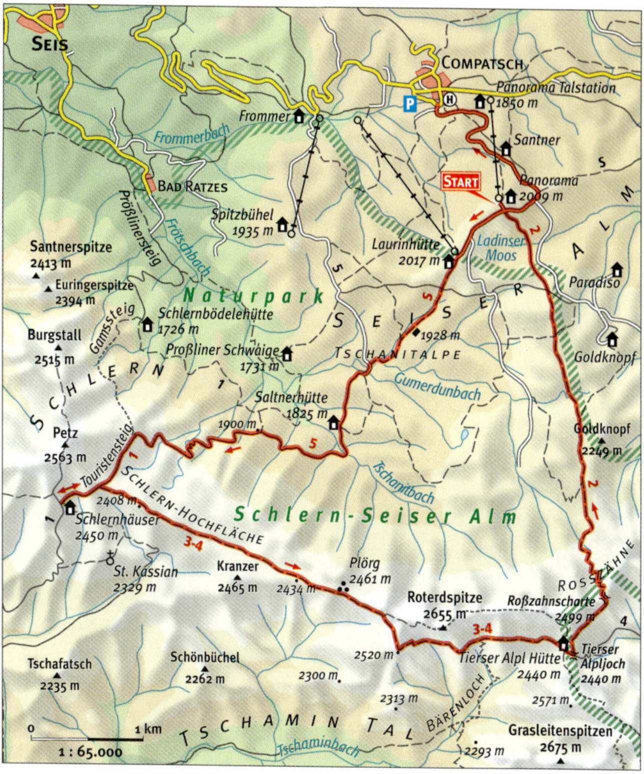


weiter. Erst geht es leicht, etwas später dann noch einmal steiler bergauf. Wir kommen am Abzweig des Steiges Nr. 3/4 vorbei, der später unser Weiterweg sein wird. Jetzt haben wir auch den Latemar, den Zanggenberg sowie Weiß- und Schwarzhorn im Blick. Leicht bergauf spazieren wir zum **Schlernhaus** hinüber (2.45 Std.), das von weitem wie ein Kastell aussieht. Im Jahr 1885 wurde von der Sektion Bozen des damaligen Deutsch-Österreichischen Alpenvereins das erste Gebäude errichtet. In

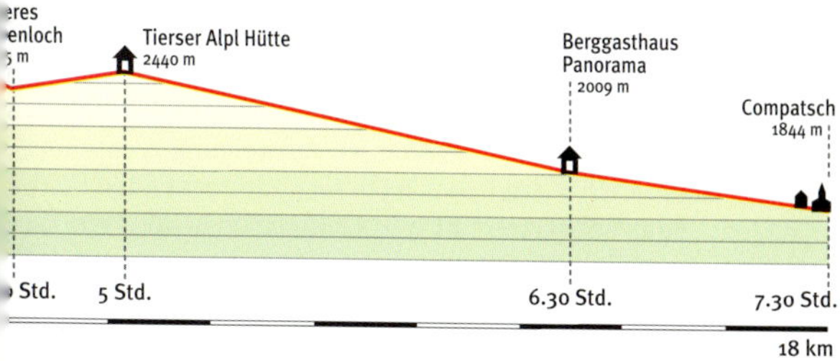

*Der Schlern*

den nachfolgenden Jahrzehnten mehrfach erweitert und vergrößert, zählte das Schlernhaus zu den komfortabelsten Berghütten seiner Zeit. Im prachtvollen Speisesaal ist noch etwas vom alten Glanz erhalten. Heute gehört das große Schutzhaus, auf italienisch **Rifugio Bolzano,** dem italienischen Alpenverein CAI. Wer hier übernachtet, hat am Nachmittag ausreichend Zeit, den höchsten Punkt des Schlern, den Petz, zu ersteigen und anschließend den Burgstall zu besuchen, der wahrscheinlich eine vorgeschichtliche Kultstätte war.

Wer die Wanderung als Tagestour eingeplant hat, sollte auf diese Abstecher verzichten und sofort weitergehen, denn wenigstens 4 Gehstunden stehen noch bevor. Wir kehren auf dem Hinweg zur bereits erwähnten Abzweigung zurück und schlagen hier halbrechts den Steig Nr. 3/4 Richtung Tierser Alpl ein. Da die meisten Wanderer wieder auf dem Touristensteig zur Seiser Alm absteigen, ist der Weg über die Wiesen der Schlern-Hochfläche nicht allzu stark bevölkert. Zunächst müssen wir in eine Senke hinunter. Dann wandern wir sacht bergauf und bergab über das Hochplateau, das wie ein breiter Grat den Rosengarten von der Seiser Alm trennt. Rechts unterhalb des Schlernhauses sehen wir die St. Kassian-Kapelle, zu der alljährlich am 13. August zahlreiche Bewohner aus Völs zum »Schlernkirchtag« hinaufpilgern.

Immer wieder empfiehlt es sich stehenzubleiben, um in die Runde zu schauen. Der grandiose Blick auf den Schlern macht deutlich, warum dieser Berg seit Jahrtausenden eine mystische Bedeutung hat. Hier im Bereich des Plörg wurden bei Grabungen Scherben von Töpfen und eine Armbrustfibel aus prähistorischen Zeiten gefunden.

Allmählich steigt der Steig stärker an und zieht sich schließlich, mit aufgeschichteten »Steinmanndln« gesäumt, steil in die Höhe. Den Abzweig des ausgesetzten Maximiliansteigs lassen wir links liegen und steigen auf dem Weg Nr. 3/4 geradeaus noch wenige Meter bergauf bis zum höchsten Punkt unserer Tour, dem **Sattel** unterhalb der Roterdspitze (4 Std.). Der Berg verdankt seinen Namen den roten Raibler Schichten, aus denen der größte Teil der Schlern-Hochfläche besteht. Zum Greifen nah recken sich die Gipfel des nördlichen Rosengartenmassivs vor uns in den Himmel. Tief unter uns liegt das grüne Tierser Tal, durch das wir bis zum Bozner Talkessel blicken können.

Unser Weiterweg schwingt sich vom Sattel respektheischend steil in einen Felsenkessel unterhalb der Grasleitenspitze hinab. Der schmale, aber gut angelegte Pfad erfordert volle Konzentration. Die Abzweigung des 3er-Steiges an der obersten Stelle des Bärenlochs, einem Seitenast des Tschamintales, lassen wir unbeachtet (4.30 Std.). Im Jahr 1882 wurde hier der letzte Bär der Gegend erlegt. Auf dem nun wieder breiten Weg steigen wir mäßig steil zum **Tierser Alpljoch** empor (5 Std.). Wer die Tour unterbrechen möchte, findet hier in der **Tierser Alpl Hütte** ein angenehmes Quartier.

In Richtung Roßzahnscharte/Seiser Alm halten wir uns auf dem anfangs breiten Weg Nr. 2 leicht links und steigen die wenigen Höhenmeter zur **Roßzahnscharte** hinauf. Vom Paß haben wir einen schönen Blick zurück zum Schlern. Halbrechts (nicht scharf rechts!) finden wir unseren schmalen Abstiegspfad (Nr. 2), der sich in Serpentinen das steile Schuttkar hinabwindet. Über Grashänge nähern wir uns dem ersten Almgebäude, bleiben aber auf dem 2er-Weg, der die Höhe hält.

An der nächsten Gabelung wählen wir den linken Almweg. Es folgt eine genußvolle Wanderung über die Wiesen und Weiden der **Seiser Alm.** An allen Abzweigungen orientieren wir uns stets an der Ausschilderung nach Compatsch. Später durchqueren wir auf federndem Boden das feuchte **Ladinser Moos** und schlagen anschließend links den schmalen Querweg ein, der uns erst eben, dann leicht bergauf zum **Berggasthaus Panorama** führt (6.30 Std.).

Wer noch gut zu Fuß ist, biegt vor der Bergstation in den Naturfahrweg rechts ein und wandert sanft bergab zum kreuzenden geteerten Almweg, auf dem es links, zum Teil parallel zum Lift, weitergeht. Auf der kleinen Straße gelangen wir schließlich wieder hinab zur Hotelsiedlung **Compatsch** (7.30 Std.).

# »Ich hor die Voglin, gros und klain

## Durch Wald und Wiesen unterhalb des Schlern von Seis nach Völs

...in meinem wald umb hauenstein.« Der weitgereiste Minnesänger Oswald von Wolkenstein kam nach einem aufreibenden Leben als Dichter, Politiker und Diplomat auf Burg Hauenstein zur Ruhe und schrieb hier seine schönsten Gedichte.

### DIE WANDERUNG IN KÜRZE

+ **Anspruch**

3 Std. **Gehzeit**

350 m **Anstieg**

**Charakter:** Leichte Wanderung auf guten Wegen

**Ausrüstung:** Badesachen

**Wanderkarten:** Tabacco Blatt 05 und 029; Kompass Blatt 59

**Einkehrmöglichkeiten:** Hotel Waldrast in Seis, Hotel Salegg, Pension Vigilerhof (etwas abseits des Weges), Gasthäuser am Völser Weiher und in Völs

**Anfahrt: Mit dem PKW:** Seis kann sowohl von Blumau im Eisacktal als auch über den Panider Sattel aus dem Grödner Tal erreicht werden; Rückkehr zum Ausgangspunkt per Bus. **Mit dem Bus:** Seis und Völs liegen an der SAD-Autobusstrecke Bozen–Kastelruth–Grödner Tal, die mehrmals am Tag bedient wird.

Von der Bushaltestelle am Nordrand von **Seis** spazieren wir Richtung Völs auf der Hauptstraße leicht abwärts am Tourismusbüro vorbei (Parkplätze). An der Tankstelle biegen wir links in den sanft bergan führenden Hauensteinweg ein. Rechts blicken wir zur mächtigen Santnerspitze auf, die den nördlichen Eckpfeiler des Schlern bildet, und können darunter im Wald bereits die Ruine Hauenstein erkennen. Nach links schauen wir zum schönen Kirchlein St. Valentin (13. Jh.) hinüber, das malerisch auf einem Wiesenhang oberhalb von Seis steht. Direkt vor dem **Hotel Waldrast** gehen wir nach rechts am Parkplatz entlang in den Wald. Vorerst ist die Ausschilderung mit der Ziffer 8 für uns maßgeblich.

Moderat ansteigend führt der Weg durch den Hauensteiner Wald, den Oswald von Wolkenstein in seinem Gedicht verewigt hat. Bald

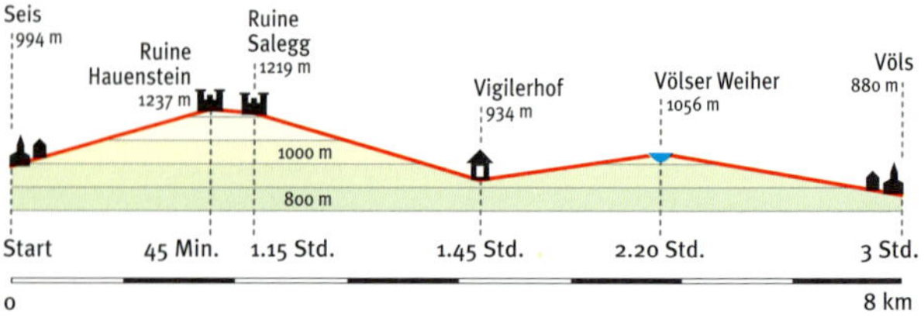

überqueren wir den Frötschbach, der sich mit einem kräftigen Rauschen ankündigt. Anschließend kreuzen wir einen Querweg und bleiben auf dem ansteigenden, nun etwas schmaleren Weg geradeaus. Bei einem breiten Fahrweg, der im Winter als Rodelbahn dient, empfiehlt es sich, nach links in die Forststraße einzubiegen, da der 8er-Steig in diesem Bereich schlecht markiert ist. An der folgenden Einmündung folgen wir dem breiten Forstweg nach rechts.

Nach wenigen hundert Schritten zweigt an einer Holzbank halblinks ein Steig ab, der wieder die Nr. 8 trägt (30 Min.). Auf dem kräftig bergauf führenden Pfad gelangen wir zu einem großen Felsen, an dem wir einen schönen Blick in das Seitental von Bad Ratzes haben, das einst ein weitum bekanntes Heilbad war. Wir steigen auf dem Pfad noch kurz bergan und biegen vor einer Holzbrücke scharf rechts in den mit der Nr. 3 markierten Steig ein. Fast eben wandern wir zur **Ruine Hauenstein** hinüber, die im Wald vor uns auftaucht (45 Min.). An der Mauer, an der eine marmorne Gedenktafel angebracht ist, gehen wir nach links (Nr. 3/8) und treten auf einem steilen Steig gleichsam von hinten in den Burghof ein. Nur die bröckeligen Außenmauern der einst stolzen Anlage, um die Oswald von Wolkenstein einen erbitterten Erbschaftsstreit führte, sind stehengeblieben. Der früher freie Blick auf Seis und die Mittelgebirgsterrasse ist heute vom Wald verstellt.

Wir kehren zur Marmortafel am Fuß der Burg zurück und gehen nach links Richtung Völser Weiher/Salegg bergab zur Rodelbahn. Hier schlagen wir halbrechts den Steig zum Völser Weiher ein, der sanft bergab führt. Zunächst haben wir einen schönen Blick auf Seis und die Sarntaler Alpen jenseits des Eisacktals, dann wandern wir durch den dichten Wald und ignorieren vorerst alle Abzweige. Erst an einer markanten Gabelung halten wir uns leicht links und spazieren im leichten Auf und Ab bis zum dicken Rohr einer Wasserleitung, vor dem ein hölzerner Tisch steht. Hier geht es rechts zur **Ruine Salegg** (1.15 Std.). Auch von

dieser Burg sind nur noch einige wenige Mauerreste erhalten.

Zurück beim Wasserrohr wählen wir rechts den Steig 3 b Richtung Salegg (nicht den Weg nach Seis, der ebenfalls die Nr. 3 b trägt). In einer weiten Kehre verliert unser Steig rasch an Höhe, und wir gelangen zum **Hotel Salegg,** das zur Jahrhundertwende erbaut wurde und einst die feinste Adresse in der Umgebung von Seis war (1.30 Std.). Vor dem Hotel biegen wir scharf links in den Wanderweg Nr. 2 ein, überqueren den Weißenbach und bummeln auf dem guten **Salegger Steig** durch den **St. Vigiler Teilwald** sanft abwärts. Ab und an öffnet sich der Wald und gibt den Blick auf die Mittelgebirgsterrassen beiderseits des Eisacktals frei. Den Eisack können wir allerdings nicht sehen, so tief hat sich der Fluß in das Porphyrgestein gegraben. Unser Weg verläuft parallel zur Straße Seis–Völs, die wir zwar hören, aber nur manchmal sehen. In der Nähe der **Pension Vigilerhof** folgen wir dem 2er-Weg nach links und queren den Strasser Graben, der sich vom Schlern herabzieht. Weit oben, in der Wolfsschlucht, haben Waldarbeiter im Jahr 1919 einen aufsehenerregenden Fund gemacht: ein achtkantiges Schwert aus der mittleren Bronzezeit, das heute im Bozner Stadtmuseum zu bewundern ist.

Nach dem Bachbett führt unser Weg erst leicht, dann etwas stärker bergauf. Wir gelangen zu einer großen Lichtung, von der wir einen prachtvollen Blick hinauf zu den Wänden des Schlern haben. Weiter geht es bergauf, dann treten wir aus dem Wald und sind am **Völser Weiher** (2.20 Std.). Der große, warme Moorteich ist ein künstliches Gewässer, das die Herren auf Schloß Prösels (s. Tour 12) vor Jahrhunderten zur Karpfenzucht anlegen ließen. Am nördlichen Ufer lädt das traditi-

*St. Valentin bei Seis am Schlern*

onsreiche **Gasthaus Völser Weiher** mit seiner schönen Terrasse zur Einkehr ein. Im Speisesaal hängen Bilder des Jugendstilmalers Ignaz Stolz mit Motiven der Laurinsage.

Am linken, östlichen Ufer des Weihers setzen wir unsere Wanderung fort. Hier liegt auch die kleine Badeanstalt. Am anderen Ende des Sees wenden wir uns nach rechts und schlagen dann vor dem Hotel Waldsee bei der großen Übersichtstafel links den Wanderweg Nr. 1 ein. Entlang der Wiesen wandern wir durch die anmutige Tallandschaft oberhalb von Völs. In **Ober Völs** mündet unser Weg in ein Teersträßchen, dem wir geradeaus talwärts folgen, vorbei am **Edelansitz Zimmerlehen.** Der prächtige Bau, einst ein Lehen der Brixener Bischöfe, wurde im 16. Jh. vom Bozner Adligen Ferdinand von Kuebach gekauft und als repräsentative Sommerresidenz ausgebaut. Heute ist der Ansitz ein Bauernhof.

Mit Blick auf Völs wandern wir auf der kleinen Asphaltstraße weiter abwärts. Unterhalb vom »Haus Panorama« nehmen wir rechts den betonierten Wirtschaftsweg über die Wiesen und erreichen den **Moarhof**, dessen Fassade ein Marienfresko ziert. Als »Moarhof« wird in Südtirol zumeist das größte Gehöft eines Dorfes bezeichnet. Dieses stattliche Anwesen wurde bereits im 12. Jh. zum ersten Mal urkundlich erwähnt. Am Gebäude, das die heutigen Besitzer liebevoll restauriert haben, gehen wir rechts durch die kleine Tür, kreuzen das Teersträßchen und wandern leicht rechts versetzt auf dem Wiesenweg weiter abwärts.

Am **Hotel Heubad,** in dem noch heute aromatische Bäder aus dem Heu der Bergwiesen verabreicht werden, biegen wir nach rechts in die Schlernstraße ein und erreichen rasch die Bozner Straße, an der sich das Verkehrsamt von **Völs** und die Bushaltestelle befinden (3 Std.).

## Völs

Ein Spaziergang durch den schönen Ort, der auf einem Hügel oberhalb der Straße liegt, lohnt sehr. Der Dorfkern mit dem Pfarrbezirk, dem Dorfplatz und den verwinkelten Gassen wirkt geschlossen wie eine Burganlage und strahlt eine harmonische Einheit aus. Die größten Kunstschätze der Pfarrkirche (1515 Baubeginn), die im 18. Jh. barockisiert wurde, sind ein romanisches Kruzifix und ein spätgotischer Flügelaltar, der in einen Altar der Neogotik integriert ist.

# Aussichtskanzel des Eisacktals

## Von Tiers über die Völseggspitze zum Schloß Prösels

Das liebliche Tierser Tal, das direkt auf den Rosengarten zuläuft, gehört zu den stilleren der Südtiroler Dolomitentäler. Ein leichter Wanderweg führt auf die Völseggspitze, den allerletzten Ausläufer der Bleichen Berge gen Bozen.

### DIE WANDERUNG IN KÜRZE

**+** Anspruch

**5 Std.** Gehzeit

**800 m** Anstieg

**1150 m** Abstieg

**Charakter:** Einfache Bergwanderung auf guten Wegen, der lange Anstieg erfordert Ausdauer

**Wanderkarten:** Tabacco Blatt 029; Kompass Blatt 54 oder 59

**Einkehrmöglichkeiten:** Tschafonhütte, Gasthaus Schönblick, Gasthaus Prösels, kleines Café im Schloß Prösels

**Anfahrt: Mit dem Auto:** Von Blumau im Eisacktal führt eine gut ausgebaute Straße nach Tiers und weiter über den Niger- zum Karerpaß. Autofahrer wandern von Schloß Prösels nicht zur Straße nach Völs, sondern in 20 Min. zur Bushaltestelle Hofer an der Straße nach Tiers und nehmen dort den Bus zurück. **Mit dem Bus:** Tiers liegt an der Busstrecke Bozen–Zyprianerhof im Tierser Tal, die mehrmals am Tag bedient wird; der Endpunkt der Wanderung befindet sich an der Straße nach Völs, auf der die Busse Kastelruth–Seis—Völs–Bozen verkehren.

Unsere Tour beginnt an der zentralen Bushaltestelle in **Tiers,** die sich am Postamt unterhalb der Pfarrkirche befindet. Wir gehen über den kleinen Parkplatz mit dem Brunnen auf den Berghang zu. Am Bach stei-

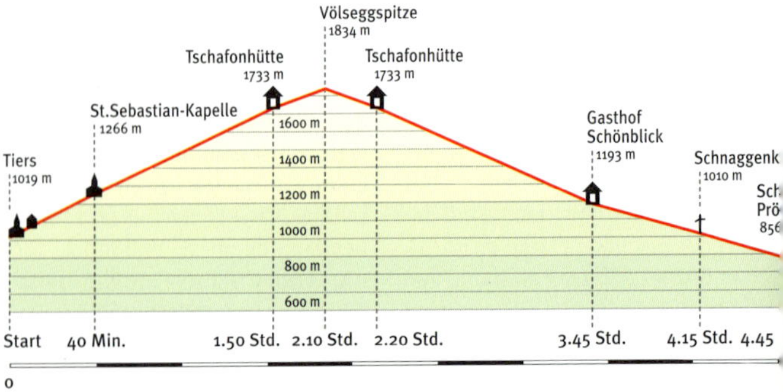

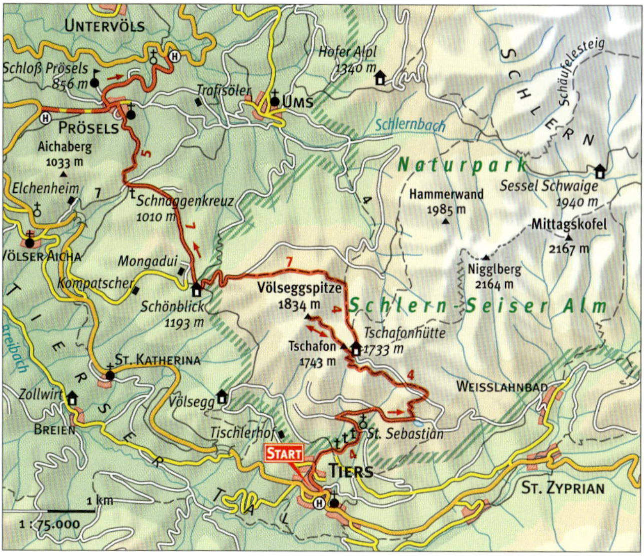


gen wir links auf dem Fußweg in drei Kehren zum Haus der Dorfgemeinschaft empor. Oben nehmen wir das Teersträßchen nach links und spazieren gleichsam auf der ersten Etage des Dorfes gen Westen Richtung Eisacktal. Wo die kleine Straße nach wenigen hundert Schritten zur Hauptstraße hinabführt, halten wir uns leicht rechts. Wir kommen an einem weiteren Parkplatz und anschließend an der Telecom-Station vorbei und folgen dem sanft ansteigenden Asphaltsträßchen dorfauswärts. An der Kreuzung, an der sich eine Schreinerei befindet, wenden wir uns nach rechts und sehen an der Tafel »Naturpark Schlern« die erste Markierung unseres Steiges Nr. 4, der in Richtung Tschafon/St. Sebastian ausgeschildert ist.

Es geht gleich richtig zur Sache: In Serpentinen schraubt sich der Steig im engen Seitental durch den Wald in die Höhe. Nach einer Viertelstunde erreichen wir einen Querweg, dem wir rechts bergauf folgen. Wir sind jetzt auf einem steilen Kreuzweg und können an den Kreuzwegstationen verfolgen, wie wir uns langsam unserem Zwischenziel nähern. Endlich gelangen wir zu der Waldwiese, auf der die **St. Sebastian-Kapelle** steht (40 Min.). Um den schönen, einst abgeschiedenen Platz, der wahrscheinlich schon eine vorgeschichtliche Kultstätte war, ranken sich viele Mythen. Während der ersten Pestepidemie, die das Tierser Tal heimsuchte, soll der letzte Überlebende des Dorfes hier die Toten bestattet haben. Das gotische Kirchlein, das zumeist verschlossen ist, errichteten die Tierser

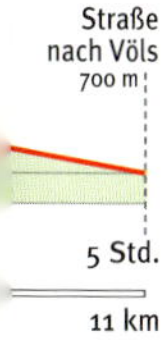

*Blick auf Völser Aicha*

im Jahr 1635 nach einem weiteren Ausbruch der Seuche, die 124 Opfer forderte und wieder fast das ganze Dorf entvölkerte.

Von der Kapelle folgen wir dem 4er-Weg, einem breiten Forstweg, schräg links in weiten Kehren weiter bergan. Bald zeigen sich über dem bewaldeten Kamm jenseits des Tierser Tales die ersten Spitzen des Latemar. **Achtung:** An der Fahrwegegabelung bleiben wir geradeaus! Erst nach einem Gatter schickt uns die 4er-Markierung nach links den Waldhang hinauf. Es lohnt sehr, vorher noch kurz geradeaus zu einem nahen Tümpel zu gehen, der inmitten einer großen Bergwiese am Rand des Lärchenwaldes liegt. Es ist ein wunderschöner Rastplatz, von dem wir einen phantastischen Blick auf den Rosengarten haben.

Wir folgen dem 4er-Steig den Hang hinauf zu einer Kreuzung mit einem Kruzifix, an der es nach links weitergeht. Hier teilt sich der Wanderweg Nr. 4 in zwei Varianten. Wir wählen am besten den als »bequem« bezeichneten Bergsteig, der sich allerdings ebenfalls steil in die Höhe zieht. Mit grandioser Sicht auf Rosengarten, Latemar und Tierser Tal erreichen wir schließlich den breiten Wiesensattel mit der **Tschafonhütte** (1.50 Std.). Ob vor oder nach der Gipfelbesteigung – die Einkehr in das idyllisch gelegene Schutzhaus ist eine angenehme Pflicht.

Die ausgeschilderte Route zur Völseggspitze führt geradeaus am Haus vorbei. Der breite Weg steigt zunächst sanft zum bewaldeten Vorgipfel **Tschafon** an und führt dann steiler, aber problemlos auf die **Völseggspitze** (2.10 Std.). Wie eine Kanzel schiebt sich der Gipfel gegen das Eisacktal vor. Wir schauen über den Bozner Talkessel hinweg zum Mendelkamm und sehen in der Ferne Ortler- und Brentagruppe, Zillertaler und Stubaier Alpen. Auf dem Anstiegsweg kehren wir zur **Tschafonhütte** zurück (2.20 Std.) und können zur Belohnung die guten hausgemachten Kuchen probieren.

Auch der Weiterweg ist mit der Ziffer 4 markiert. Von der Hütte folgen wir dem Weg durch den Wald bergab. Die Abzweigung des Steiges 4a beachten wir nicht. In zahllosen Kehren geht es nun talwärts. Bald haben wir eine schöne Sicht auf die Hammerwand und auf den Schlern. Kurz nach einer kleinen Lichtung halten wir uns Richtung Ums/Schönblick halbrechts. Knappe 10 Min. später führt der 4er-Weg nach rechts, wir aber wandern Richtung Schönblick auf dem breiten Weg Nr. 7 weiter und erreichen rasch eine Wiesenkuppe. Von hier schauen wir hinüber zum Ritten und zu den Sarntaler Alpen und können links noch einmal die Völseggspitze sehen.

Als schmaler Waldsteig verliert unser Weg nun allmählich an Höhe und mündet schließlich in einen breiten Forstweg, auf dem wir in Richtung Völseraicha geradeaus weitergehen. Von einer Lichtung haben wir einen weiten Tiefblick auf Schloß Prösels und das Dorf Völs. Wir folgen weiter der Forststraße und gehen später quer über die abschüssige Wiese hinab zum **Gasthof Schönblick** (3.45 Std.), der seinem Namen alle Ehre macht: Durch das Tierser Tal sieht man an klaren Tagen bis nach Bozen.

Vor dem Gasthaus wenden wir uns nach rechts (Richtung Prösels/Nr.7) und gehen auf dem geteerten Fahrsträßchen entlang der Wiesen hinab bis zur ersten Kehre. Hier verlassen wir die kleine Straße, bleiben geradeaus, überklettern das Holzgatter und folgen der 7er-Markierung in den Wald. Auf einem breiten Forstweg geht es bergab zu einer großen feuchten Wiesenfläche, an deren Rand das **Schnaggenkreuz** steht (4.15 Std.). Historiker vermuten hier eine urzeitliche Siedlung, denn Grabungen haben Scherben und Werkzeuge aus schwarzem Feuerstein zutage gefördert. Die Überlieferung erzählt, daß es an diesem Ort einst einen stattlichen Bauernhof gab, der im Moor versunken sein soll.

Am Kreuz folgen wir dem Wanderweg Nr. 5 nach rechts. Es ist ein schwach ausgeprägter, aber gut markierter Pfad, der am Rand der Wiese leicht abwärts verläuft. Wir erreichen einen kreuzenden Fahrweg, in den wir rechts einbiegen und zum kleinen Dorf **Prösels** hinabgehen. Auf dem Teersträßchen wenden wir uns nach links und gehen beim Gasthaus rechts am Parkplatz vorbei zum **Schloß Prösels** (4.45 Std.). In den Grundmauern geht die Anlage auf eine mächtige Burg aus dem 12. Jh. zurück. Um das Jahr 1500 herum ließ der damalige Landeshauptmann Leonhard von Völs-Colonna die Gebäude zu einem Renaissanceschloß umbauen. Der Adlige war bei der Bevölkerung verhaßt, denn er war die treibende Kraft bei den grausamen Hexenverfolgungen. So wurde Schloß Prösels während der Bauernkriege denn auch besetzt und geplündert. Seit ein paar Jahren ist das vorbildlich restaurierte Schloß mit seiner umfangreichen Waffensammlung ein stimmungsvoller Ort für Konzerte und Ausstellungen.

Wer in Tiers geparkt hat, kehrt nach der Besichtigung zum Gasthaus zurück und folgt der kleinen Straße Richtung Völser Aicha zur Haltestelle Hofer im Tierser Tal. Busfahrer biegen direkt am Schloß in das Sträßchen links ein und wandern zur **Bushaltestelle** an der **Straße nach Völs** hinunter (5 Std.), wo bessere Busverbindungen bestehen.

Tour 13

# Im Rosengarten König Laurins

**Auf dem Hirzlweg unter dem Rosengarten ins Val di Fassa**

Im Zorn verfluchte König Laurin seine geliebten Rosen: Kein Mensch solle sie je wieder sehen, weder bei Tag noch bei Nacht. Doch er vergaß die Dämmerung. So strahlt der Rosengarten nach Sonnenuntergang im Alpenglühen, das die Ladiner *Enrosadüra* nennen.

## DIE WANDERUNG IN KÜRZE

**+** Anspruch

**3.30 Std.** Gehzeit

**350 m** Abstieg

**Charakter:** Leichte Hochgebirgswanderung; nur die ersten Meter des Abstiegs von der Baita Pederiva erfordern Trittsicherheit. Zusammen mit Tour 14 läßt sich die Wanderung gut zu einer zweitägigen Unternehmung ausdehnen.

**Wanderkarten:** Tabacco Blatt 06 oder 029; Kompass Blatt 54 oder 59

**Einkehrmöglichkeiten:** Rosengartenhütte, Rifugio Roda de Vaèl, Baita Pederiva, Hütten am Ciampedie

**Anfahrt: Mit dem Auto:** Der Startpunkt liegt an der Straße, die von Blumau im Eisacktal über den Nigerpaß zum Karerpaß führt. Rückkehr zum Ausgangspunkt per Bus. **Mit dem Bus:** Zum Gasthaus Frommer Alm fahren die SAD-Busse der Linie Bozen–Tiers–Karerpaß. Der Endpunkt Vigo di Fassa liegt an der Strecke Canazei–Karerpaß–Welschnofen–Bozen; der Bus hat am Karerpaß Anschluß an den Bus zum Gasthaus Frommer Alm.

**Fahrzeiten:** Gondelumlaufbahn zur Rosengartenhütte: Mitte Juni bis Ende Okt. tägl. 8.30–12.15, 13.30–17.30 Uhr; Seilbahn nach Vigo di Fassa Anfang Juni bis Ende Okt. tägl. 8.30–13, 14.10–18.30 Uhr jede Viertelstunde.

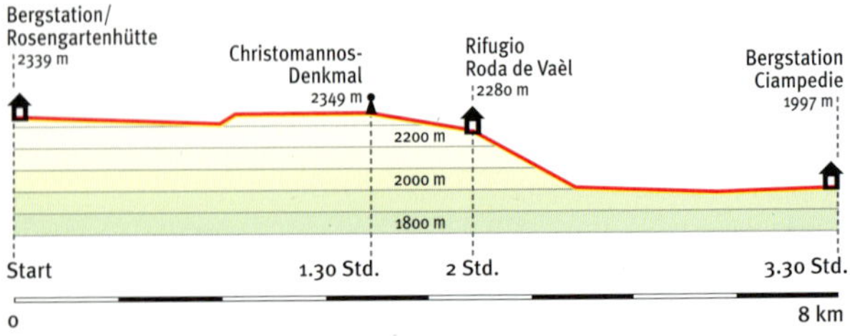

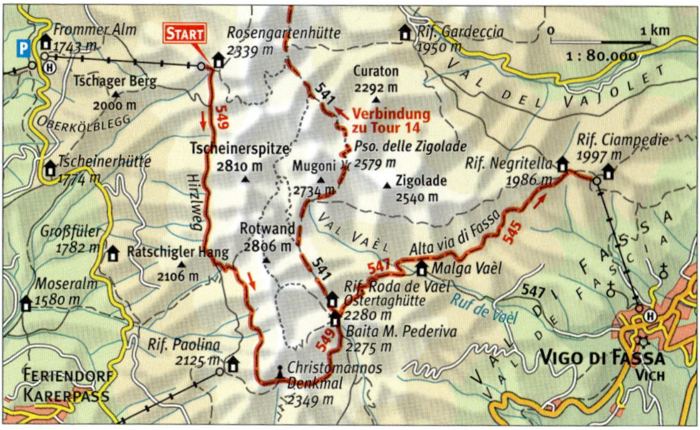


Direkt am **Gasthof Frommer Alm** an der Straße zum Nigerpaß beginnt der Lift hinauf zum Rosengartenmassiv. Die antiquierten Stehgondeln für je zwei Personen halten hier übrigens nicht an, sondern verlangsamen nur etwas ihre Fahrt, beim Einsteigen ist also Eile geboten. Oben auf fast 2400 m Höhe angelangt, lockt die **Rosengartenhütte** mit einem phantastischen Ausblick. Wir können das Eggen- und das Tierser Tal überschauen und erkennen Welschnofen sowie den Weiler Weißlahnbad. Während hinter uns die Felsen des Rosengarten emporstreben, sehen wir vor uns Schlern, Latemar und die Zwillingsgipfel Schwarz- und Weißhorn. Bei klarem Wetter reicht die Sicht bis zu den Ötztaler Alpen und zur Ortler-, Brenta- und Adamellogruppe. Das große Schutzhaus, das auf italienisch nach dem Hauptmann Aleardo Fronza benannt ist, der im Ersten Weltkrieg am Monte Zugna getötet wurde, war einst im Besitz der Alpenvereinssektion Rheinland-Köln, so daß der alte Name »Kölner Hütte« auf manchen Karten noch verzeichnet ist.

An der Hütte finden wir die ersten Markierungen des Weges Nr. 549, dem wir zunächst in Richtung Paolina-Hütte folgen. Wir sind auf einem der berühmtesten Bergsteige der Dolomiten, dem **Hirzlweg,** auf dem an schönen Tagen wahre Heerscharen unterwegs sind. Pate war der Leipziger Verleger Hirzl-Fischer, der vor der Jahrhundertwende alpine Literatur herausgab. Ohne größere Höhenunterschiede verläuft der wunderschöne Steig, der seit dem Jahre 1904 besteht, direkt unter den Wandfluchten des Rosengarten entlang. Den Abzweig zum Nigerpaß beachten wir nicht, sondern wandern auf die Felsenburg des Latemar zu. Nach einer kleinen Steigung geht es Richtung Cristomannos-Denkmal/Rotwandhütte nahezu eben unter der mächtigen Rotwand dahin. Diese Dolomitenwand aus rotgelbem griffigen Fels hat in Bergsteigerkreisen einen ausgezeichneten Ruf, steigt sie doch rund 400 m fast senkrecht in den Himmel auf und bietet Kletterrouten der höchsten Schwierigkeitsgrade, so etwa den Masarè-Klettersteig, an dessen Abzweig wir vorbeikommen. Wem es in den Fingern kribbelt, der kann sich kurz darauf probehalber an einer steilen Eisenleiter versuchen, die rechts des

Weges einen mächtigen Felsklotz erklimmt.

Ohne weiteren Hinweis passieren wir bald darauf die Grenze zwischen den Provinzen Südtirol und Trentino. Das unter uns liegende Rifugio Paolina im Blick, queren wir einen langgezogenen Geröllhang. Wir steigen aber nicht zum Schutzhaus ab, sondern gehen um das Felseneck herum. Weit können wir nun in das Val di Fassa schauen und sehen im Talgrund die Ortschaft Moena. Noch einige Schritte und wir stehen vor dem **Christomannos-Denkmal** (1.30 Std.). Der 2,70 m hohe und 370 kg schwere Bronzeadler wurde 1912 aufgestellt, um an den Wiener Dr. Theodor Christomannos zu erinnern, der als Pionier des Fremdenverkehrs in den Dolomiten gilt.

Auf dem Weg Nr. 549 wandern wir anschließend ohne Anstrengungen eben weiter. Vor uns sehen wir den Sas d'Adam, die Marmolèda und die Sella. Mit dem Knattern des Dieselgenerators empfängt uns das **Rifugio Roda de Vaèl** der Sektion Trento des italienischen Alpenvereins CAI (2 Std.). Das Schutzhaus, das inmitten einer wilden Felsszenerie steht, ist bei deutschsprachigen Alpinisten eher unter dem Namen »Rotwandhütte« bekannt. Manchmal ist sogar noch die Bezeichnung »Ostertag-

*Rifugio Roda de Vaèl und Baita Pederiva vor Rotwand und Torre Finestra*

Hütte« zu lesen, denn der Stuttgarter Fabrikant Karl Ostertag-Siegle hatte vor dem Ersten Weltkrieg den Bau finanziert.

**Variante:** Wer die Tour in Kombination mit der Wanderung 14 zu einer zweitägigen Unternehmung ausdehnt, kann bereits hier auf dem Steig Nr. 541 über den Passo delle Zigolade direkt zum Rifugio Vajolet gehen. Diese Variante dauert ca. 3 Std. und erfordert Trittsicherheit.

Wir gehen von der Rotwandhütte nach rechts zur benachbarten **Baita Pederiva** hinüber. Direkt vor der kleinen privaten Hütte beginnt links der Steig Nr. 547, der in das Val Vaèl hinunterführt. Die ersten Meter, die mit einem Stahlseil gesichert werden, sind ziemlich abschüssig und können nach Regenfällen sehr rutschig sein. Das Schild *»Carichi Sospesi«* warnt vor der Materialseilbahn hinauf zur Rotwandhütte. Wir halten uns auf der linken Hangseite und steigen zu den schönen Wiesen von **Mandra** ab (2.15 Std.).

Wir lassen die Almzufahrt rechts liegen und folgen dem Fahrweg geradeaus. Wenig später schlagen wir links den Bergsteig Nr. 545 Richtung Ciampedie ein, der auf Karten als *Alta via di Fassa* bzw. **Fassaner Höhenweg** bezeichnet wird. Wir überqueren den **Ruf de Vaèl,** dessen Bachbett zumeist trocken ist. Durch alten Bergwald führt der Steig allmählich bergab. Wir gelangen zu einer Gabelung und bleiben auf dem markierten Weg, der um eine hohe Felsnase herumführt. Ein Stahlseil gibt an dieser luftigen Stelle Halt.

In leichtem Auf und Ab wandern wir durch den Bergwald weiter, bis unser Steig schließlich zu einem brutal in den Hang geschlagenen Fahrweg hinabführt, in den wir links einbiegen. Rasch erreichen wir das **Rifugio Negritella** (3.15 Std.). Hier schlagen Zweitageswanderer nach links den Weg nach Gardeccia ein (s. Tour 14). Wir gehen an der nahen Fahrwegegabelung halbrechts hinauf, am **Rifugio Ciampedie** vorbei, zur **Bergstation** der Seilbahn (3.30 Std.). Von der Talstation in **Vigo di Fassa** sind es nur wenige 100 Schritte hinab zur Hauptstraße, wo sich an der Tankstelle die SAD-Bushaltestelle befindet.

Tour 14

# Über den Paß der Fürsten

**Vom Val di Fassa über den Grasleitenpaß zum Tierser Tal**
Wenn die ladinischen Hirten von Gardeccia einst hinauf zum Gipfel blickten, meinten sie in der Form des Berges eine Mulde, eine *ciadenaze,* zu erkennen. Die italienische Bezeichnung *Catinaccio* für den Rosengarten übertrug sich später auf das ganze Bergmassiv.

## DIE WANDERUNG IN KÜRZE

++ Anspruch

7 Std. Gehzeit

575 m Anstieg

1450 m Abstieg

**Charakter:** Leichte, aber lange Hochgebirgstour auf guten Wegen; der Abstieg in den Grasleitenkessel erfordert etwas Trittsicherheit. Mit Tour 13 zu einer Zweitageswanderung zu erweitern.

**Wanderkarten:** Tabacco Blatt 06 oder 029; Kompass Blatt 54 oder 59

**Einkehrmöglichkeiten:** Hütten am Ciampedie und auf Gardeccia, Rifugio Preuß, Rifugio Vajolet, Grasleitenpaßhütte, Grasleitenhütte, Tschaminschwaige, Zyprianerhof

**Anfahrt: Mit dem Auto:** Vigo di Fassa liegt knapp oberhalb der Einmündung der Staatsstraße Nr. 241 (Bozen–Vigo di Fassa) in die Staatsstraße Nr. 48 (Auer–Cortina d'Ampezzo). **Mit dem Bus:** Mehrmals täglich Bozen–Karerpaß–Vigo di Fassa–Canazei bzw. Trento–Cavalese–Vigo di Fassa–Canazei; von Pera Sammeltaxen nach Gardeccia. Vom Hotel Zyprianerhof Busverbindung zum Karerpaß; an der Haltestelle »Abzweig Niger« Anschluß nach Bozen, am Karerpaß Anschluß nach Vigo.

**Unterkunft:** Rifugio Vajolet (Mitte Juni bis Ende Sept.; über 100 Plätze)

**Fahrzeiten:** Rosengarten-Seilbahn Anfang Juni bis Ende Oktober 8.30–13, 14.10–18.30 Uhr

Eine Ahnung von den Menschenmengen, die an schönen Tagen den felsigen Rosengarten bevölkern, vermittelt bereits die riesige Kabine der Seilbahn, die von **Vigo di Fassa** immerhin 100 Personen auf einmal hinauf nach **Ciampedie** befördern kann. »Kleine Felder« bedeutet der ladinische Name dieses bewaldeten Bergrückens, in den ein paar Lichtungen eingebettet sind. Oben an der Bergstation wird schnell klar, warum die Schönheit des Rosengarten so gerühmt wird. Wir haben einen phantastischen Blick auf die wild gezackten Spitzen des Larséc ganz nah vor uns und auf den mächtigen Gipfel der Rotwand linker Hand. Drehen wir uns um, erkennen wir die eisgepanzerte Marmolèda und in der Ferne sogar die Zacken der Pala-Dolomiten.

Vorbei an den Berghütten **Ciampedie** und **Negritella** gehen wir auf dem breiten Weg Nr. 540 durch den schönen Bergwald aus Tannen, Lärchen und Zirbelkiefern fast eben zur Talmulde von **Gardeccia** hinüber (45 Min.), einem beliebten Ausflugsziel für Urlauber aus dem Val di Fassa. Um wenigstens den motorisierten Verkehr einzuschränken, darf die kleine Straße, die vom Val di Fassa heraufkommt, nur noch von Sammeltaxen und Anliegern befahren werden.

War die Wanderung bislang eher ein Spaziergang, geht es jetzt auf den Serpentinen des Karrenwegs steil zum Felsabsatz der **Porte Neigre** hinauf. Kurz darauf erreichen wir das kleine **Rifugio Preuß**, das nach dem österreichischen Bergsteiger Paul Preuß benannt ist, der schon vor dem Ersten Weltkrieg das Freiklettern propagierte. Gleich daneben steht das **Rifugio Vajolet** (1.30 Std.), das die Sektion Leipzig des Deutsch-Österreichischen Alpenvereins 1897 errichten ließ und das heute der SAT, der Sektion Trento des Italienischen Alpenvereins CAI, gehört. Atemberaubend ist der Blick hinauf zum schlanken Pfeiler des Winklerturms, des wohl schönsten der Torri del Vajolet. Der erst siebzehnjährige Georg Winkler hat diese kühne Felsnadel 1887 in einem riskanten Alleingang mit Hilfe eines Wurfankers als erster bestiegen.

Wir gehen nun links an der Vajolethütte vorbei und ignorieren den Abzweig zum Gartl, einem vielbegangenen, aber recht schwierigen

*Rifugio Preuß an der Porte Neigre*

Steig. Unser gut angelegter Steig Nr. 584 führt das obere Val del Vajolet hinauf. Je höher wir kommen, desto öder und unwirtlicher erscheint das Tal. Immer steiler wird der Pfad, bis wir schließlich den **Grasleitenpaß** erreichen (2.30 Std.), der die unsichtbare Grenze zwischen dem Trentino und Südtirol bildet. Weil der Übergang einst von einem Brixener Fürstbischof begangen wurde, heißt er auf italienisch **Passo delle Principe,** »Fürstenpaß«. Wie an die Felsen geklebt, steht hier die winzige **Grasleitenpaß-Hütte.** Die Bänke vor dem Schutzhaus sind ein Logenplatz für die Beobachtung der Gipfelstürmer, die sich – mehr oder weniger elegant – am Klettersteig zum Kesselkogel versuchen, der mit 3002 m der höchste Berg der Rosengartengruppe ist.

Auf dem Weg Nr. 554 (auch Nr. 1) Richtung Passo Molignon geht es weiter. Vom Paß oben sieht der öde Schuttkessel, in den wir hinunter müssen, fast furchterregend aus. Das feine Geröll macht den abschüssigen Pfad überaus rutschig, dazu sind die Steigspuren nicht immer ganz eindeutig. An einer Gabelung (2.45 Std.) halten wir uns links (der rechte Weg führt zum Passo Molignon) und steigen auf dem jetzt gut erkennbaren 1er-Steig weiter steil bergab. Nach einer Passage durch Felsblöcke gelangen wir endlich zum Grund des **Grasleitenkessels** (3.15 Std.). Angesichts der fast lotrechten Wände des Valbon-, Antermoja- und Seekogels schrumpft hier der Mensch zur Winzigkeit.

Wir gehen leicht links auf die begrünte Bresche im Kessel zu. Am rechten Rand des Grasleitentals, das sich bald tief in die Felsen einschneidet, wandern wir auf gutem Steig (Nr. 1 und 3a) hinab zur **Grasleiten-Hütte** (3.30 Std.), die auch Rifugio Bergamo heißt, da sie der CAI-Sektion aus der gleichnamigen norditalienischen Stadt gehört. Respektvoll schauen wir zur gewaltig-düsteren Felskulisse der Grasleitenspitzen und des Valbonkogels hinauf.

Unser Weiterweg (Nr. 3a) führt direkt von der Hüttenterrasse ein paar Stufen hinunter und erklimmt wenig später kurz und schmerzlos eine Felsnase. Weit reicht der Blick über das Tierser Tal bis hin zur Talfurche des Eisacks. In vielen Kehren geht es nun steil bergab, bis wir nach einem Flachstück die Waldzone erreichen und zum **Bärenloch** absteigen (4.15 Std.). Der letzte Bär wurde hier 1882 erlegt. Ein Wegweiser schickt uns nach links Richtung Tiers/Tires.

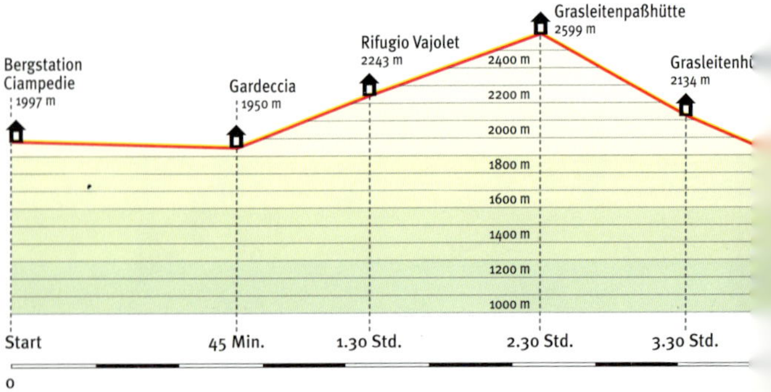

*Am Grasleitenpaß*

Auf dem ordentlichen, etwas steinigen Steig mit der Nr. 3 (anfangs auch 3a) wandern wir mäßig steil das **Tschamintal** hinab, das den Rosengarten im Nordwesten begrenzt. Da das schöne Tal in den Naturpark Schlern einbezogen ist und so unter besonderem Schutz steht, konnte es seine Ursprünglichkeit weitgehend bewahren. Durch die schattigen, steilen Waldhänge an den Ausläufern der Tschaminspitzen streifen zahlreiche Gamsrudel, die oft aus 20 und mehr Tieren bestehen. Auf der anderen Talseite, an den Steilabstürzen des Schlernmassivs, haben die seltenen Steinadler ihre Horste. Zu den vielen Pflanzen, die im Tschamintal blühen, zählen Türkenbundlilie, Edelraute, Dolomitenteufelskralle und Edelweiß.

In den breiteren Saumweg biegen wir rechts ein und wandern gemütlich talwärts, vorbei an der Almhütte des **Rechten Leger** (5 Std.; keine Einkehrmöglichkeit) und des **Ersten**

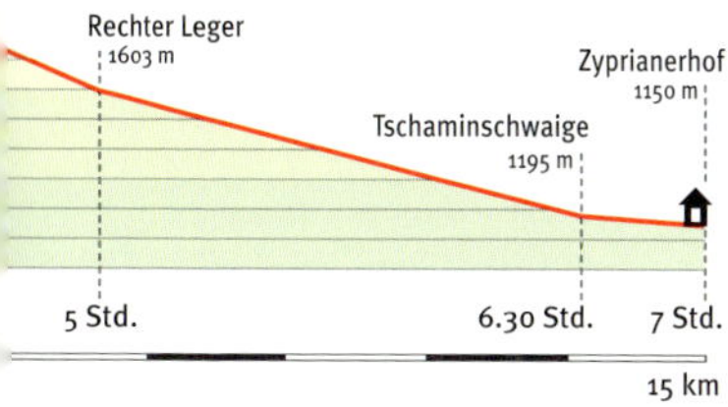

**Leger** (5.30 Std.). Wenige Schritte nach einer Brücke vereinigt sich unser bisheriger Weg mit einem Naturfahrweg, auf dem wir geradeaus weiterwandern.

Der letzte Abschnitt der Tour ist in der Wegeführung etwas kompliziert, da die Hinweise auf die vielen lokalen Wanderwege die Orientierung nicht gerade erleichtern. Den ersten Abzweig nach Weisslahnbad/Tschaminschwaige ignorieren wir und bleiben weiter auf dem Fahrweg. Kurz darauf öffnet sich der Wald und gibt den Blick auf das anmutige Tierser Tal frei. Kurz hinter einer Schranke verlassen wir die Schotterstraße. Als zunächst schmaler Pfad führt unser 3er-Steig halbrechts bergab und wird nach der Rechtskurve wieder breiter. In Richtung Weisslahnbad geht es an einer Wiese entlang kräftig abwärts in den Wald hinein. Kurz darauf biegt unser markierter Wanderweg Nr. 3 scharf links ab und führt in Kehren zu einem breiteren Querweg hinunter, in den wir links einbiegen. Wenig später erreichen wir die **Tschaminschwaige** (6.30 Std.). Das beliebte Gasthaus war einst eine Sägemühle, die vom Tschaminbach angetrieben wurde.

Wir gehen am Haus vorbei und biegen direkt vor der Brücke links in den leicht ansteigenden Fahrweg ein. Den Abzweig des Wanderweges Nr. 5 lassen wir unbeachtet und bleiben in Richtung Zyprianerhof auf dem Naturfahrweg geradeaus. Wenig später kommen wir an einem Brunnen vorbei. Das säuerliche Mineralwasser, das hier sprudelt, ähnelt in der Zusammensetzung dem Heilwasser, das in Weißlahnbad auf der gegenüberliegenden Talseite verabreicht wird. Unser breiter Weg steigt noch etwas an, um dann gleichmäßig sanft abwärts

zu führen. Im dichten Wald bleiben wir auf dem ausgeschilderten Rundwanderweg geradeaus und folgen dann dem schmalen Steig in Kehren bergab. Wir erreichen eine große Wiese und können hier die westliche Flanke des Rosengarten bewundern. Auf dem Wiesenpfad steuern wir direkt die Terrasse des nahen **Hotels Zyprianerhof** an. Unten an der Straße befindet sich die **Bushaltestelle** (7 Std.).

## St. Zyprian

St. Zyprian, das manchmal auch mit C geschrieben wird, ist ein Weiler mit nur wenigen Häusern, der zur Gemeinde Tiers gehört. Die kleine spätromanische Kirche, die wohl im 13. Jh. erbaut wurde, zählt zu den beliebtesten Fotomotiven in den Dolomiten, steht sie doch überaus fotogen vor der grandiosen Kulisse des Rosengarten. Im Inneren und an der Außenwand des Kirchleins sind einige Fresken zu erkennen, die wahrscheinlich im 16. und 17. Jh. gemalt wurden. Die wertvollen Altarfiguren sind leider, wie so viele in Südtirol, gestohlen worden.

Tour 15

# Der Weg des Brotes

## Auf dem Bindelweg über dem Val di Fassa zum Stausee von Fedaia

Einst brachten die Bauern von Sottoguda im Belluno ihr Getreide über einen Saumpfad zu den Mühlen auf der Seiser Alm. Daran erinnert der ladinische Name des großartigen Höhenweges, eines der schönsten in den Dolomiten: *Vièl dal Pan* – Weg des Brotes.

### DIE WANDERUNG IN KÜRZE

+ Anspruch

2.30 Std. Gehzeit

400 m Abstieg

**Charakter:** Leichte Bergwanderung auf guten Bergwegen und -steigen

**Wanderkarten:** Tabacco Blatt 06; Kompass Blatt 59

**Einkehrmöglichkeiten:** Rifugio Belvedere, Rifugio Fredarola, Rifugio Vièl dal Pan, mehrere Gasthäuser am Lago di Fedaia

**Anfahrt: Mit dem PKW:** Canazei liegt an der Staatsstraße Nr. 48 (Auer–Cortina d'Ampezzo) und ist auch über das Sellajoch und das Grödner Joch gut zu erreichen. Rückkehr nach Canazei per Bus. **Mit dem Bus:** Canazei und Fedaia sind von Bozen, Corvara und Trento direkt zu erreichen.

**Fahrzeiten:** Kabinenbahn von Canazei (am südöstlichen Ortsrand, Schild *Funivie Belvedere*) nach Pecòl tägl. 8.45–12.30, 14–18 Uhr, Seilbahn von Pecòl zum Col di Rosc tägl. 8.45–12.15, 14–17.45 Uhr; jeweils Mitte Juni bis Anfang Sept.; Auffahrt insgesamt etwa 20 Min.

Von **Canazei** lassen wir uns bequem in zwei Etappen in die Höhe befördern: Mit der Kabinenumlaufbahn zunächst nach Pecòl, dann mit der Seilbahn weiter hinauf zum **Col di Rosc**. Die Gipfelschau ist grandios und umfassend: im Süden der zerklüftete Gran Vernèl, daneben die weißgleißende Marmolèda, im Westen der filigrane Rosengarten mit dem Kesselkogel als höchstem Gipfel, im Nordwesten der erhabene Langkofel mit dem Plattkofel als ungleiches Pendant und im Norden die

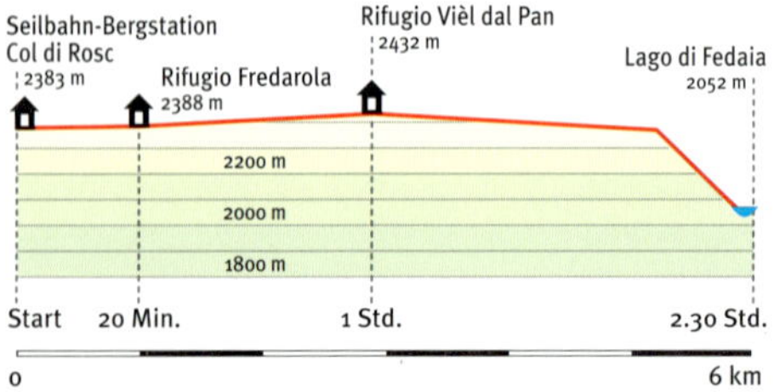

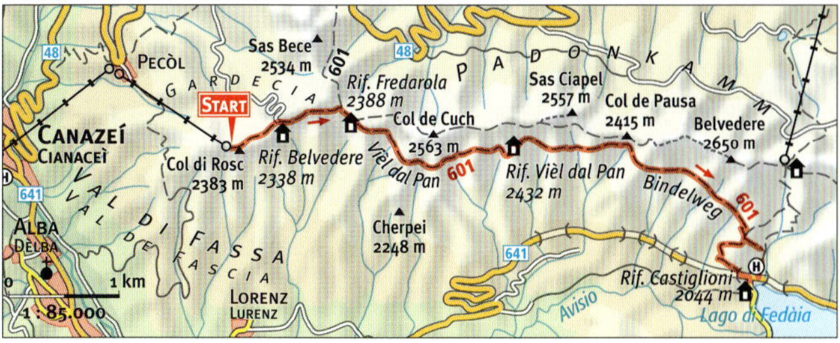


Felsenbastion des Sella-Massivs mit dem Piz Boè.

Auf dem breiten Weg Nr. 601, der im Winter als Skipiste dient, spazieren wir zum nahen **Rifugio Belvedere** hinunter. Hier wählen wir halbrechts den sanft ansteigenden Wiesenweg, der die Fahrstraße abkürzt. Auf dem Fahrweg gehen wir dann zum **Rifugio Fredarola** hinauf (20 Min.). Der nächste faszinierende Panoramablick erwartet uns: Tief unten erkennen wir den Passo Pordoi und die Paßstraße, die nach Arabba im ladinischen Fodom, dem Buchensteiner Tal führt, während sich am Horizont die sagenumwobenen Berge von Fanes und die wilden Gipfel der Tofana abzeichnen.

Von der Hütte folgen wir dem breiten Weg leicht bergauf und gehen an der Gabelung halbrechts weiter. Jetzt sind wir auf dem **Vièl dal Pan,** dem »Weg des Brotes«, der vom Passo Pordoi heraufgekommen ist. Der Höhenweg ist auch unter dem Namen »Bindelweg« bekannt, denn der Steig wurde um die Jahrhundertwende von der Sektion Bamberg des damaligen Deutsch-Österreichischen Alpenvereins unter der Leitung von Karl Bindel instand gesetzt. Wenn das Wetter mitspielt, können wir nun genußvoll hoch über dem oberen Val di Fassa dahinbummeln, den eisgepanzerten Gipfelaufbau der Marmolèda, der »Königin der Dolomiten«, stets vor Augen. Anstrengend ist der Weg in keiner Weise, halten sich doch die Höhenunterschiede in Grenzen. Links begleiten uns die grünen Grashänge des Padonkammes, der – im Gegensatz zum hellen Dolomit – aus dunklem Eruptivgestein besteht. So friedvoll die Stimmung heute ist, im Ersten Weltkrieg waren die Padonberge und die Marmolèda Kampfgebiet.

Schließlich erreichen wir das herrlich gelegene **Rifugio Vièl dal Pan** (1 Std.). Vor der kleinen privaten Schutzhütte sitzen wir gleichsam in der ersten Reihe und können die prächtige Aussicht auf die alles beherrschende Marmolèda genießen. In leichtem Auf und Ab führt der nun etwas schmalere Vièl dal Pan weiter. Von einer **Scharte** im Padonkamm können wir nochmals auf Arabba, den Piz Boè und die Fanes-Berge blicken (1.20 Std.).

Der Bindelweg steigt nun ganz moderat an. An der Weggabelung (1.40 Std.) folgen wir dem 601er-Steig in Richtung Fedaia (Wegweiser) leicht nach rechts bergab zu einem grasigen Vorsprung mit schöner Aussicht. Hier führt eine **leichtere Variante** des Vièl dal Pan, die man bei schlechtem Wetter einschlagen sollte, nach links zu einem Seitentälchen und dann bergab zum Stausee. Den Steig nach rechts bezeichnet die Hinweistafel als

*Blick über den Lago di Fedaia auf die Civetta*

»schwierig«. In vielen Kehren zieht er sich den Steilhang oberhalb des Sees hinunter. Mit etwas Trittsicherheit ist er aber gut zu meistern. Beide Wege münden unten direkt an der Bushaltestelle in die Staatsstraße Nr. 641, die am **Lago di Fedaia** vorbeiführt (2.30 Std.).

## Der Stausee und die Marmolèda

Der Pian di Fedaia, ein sanft gewelltes Moränenplateau, war einst eine Schafweide, davon zeugt noch der Name, der auf das ladinische Wort *feida* (Schaf) zurückgeht. Im Jahr 1952 wurden dann die Hauptquellen des Avisio gestaut, und der riesige **Lago di Fedaia** entstand. Bis zu 16 Mio. $m^2$ Wasser kann das 1,7 km lange und 550 m breite Staubecken fassen. Mit der Wasserkraft werden mehrere Elektrizitätswerke im Val Pettorina und im Agordino angetrieben. In Unterschied zu anderen künstlich angelegten Seen in den Dolomiten fügt sich der Lago di Fedaia, der ein beliebtes Ausflugsziel ist, recht harmonisch in die Berglandschaft ein.

Von allen Dolomitengipfeln ist das eisbedeckte Bergmassiv mit dem eleganten ladinischen Namen **Marmolèda** zu sehen (auf deutsch »Marmolata«, auf italienisch »Marmolada«). Ob der Name wirklich von »Marmor« herrührt, ist umstritten. Den Beinamen »Königin der Dolomiten« hat das Bergmassiv aber völlig zu Recht, kann es neben seiner einzigartigen Schönheit noch zwei Superlative aufweisen: Die Punta Penia am schroffen Südabfall ist mit 3343 m der höchste Gipfel, und der Gletscher mit rund 3 km$^2$ das größte Eisfeld der Dolomiten. Im Ersten Weltkrieg untertunnelten die österreichischen Soldaten den Gletscher mit kilometerlangen Stollen, um dem Beschuß durch die italienische Artillerie zu entgehen. Der Druck der Eismassen hat diese Anlagen längst zerstört. Heute ist das Firnfeld der Marmolèda, zu dem zwei Seilbahnen hinaufführen, ein beliebtes Sommerskigebiet.

# Ein ›leichter‹ Dreitausender

## Vom Sas Pordoi auf den Piz Boè im Sella-Massiv

Der wuchtige Felsquader der Sella ist das steinerne Herz Ladiniens. Der höchste Gipfel der mächtigen Gruppe ist der 3152 m hohe Piz Boè. Der pyramidenförmige Berg gilt als der Dreitausender in den Dolomiten, der am leichtesten zu besteigen ist.

### DIE WANDERUNG IN KÜRZE

+++
Anspruch

3 Std.
Gehzeit

350 m
An-/Abstieg

**Charakter:** Hochalpine Wanderung mit einer bergtechnisch eher leichten Gipfelbesteigung, die aber dennoch Trittsicherheit und Schwindelfreiheit verlangt und nur bei sicheren Wetterverhältnissen unternommen werden sollte.

**Wanderkarten:** Tabacco Blatt 05, 06 oder 07; Kompass Blatt 59

**Einkehrmöglichkeiten:** Seilbahn-Bergstation, Rifugio Forcella Pordoi, Capanna Piz Fassa

**Anfahrt: Mit dem PKW:** Der Passo Pordoi liegt an der Staatsstraße Nr. 48 (Auer–Cortina d'Ampezzo) und ist auch aus dem Grödner Tal und dem Gadertal zu erreichen. **Mit dem Bus:** Direkte Verbindung von Canazei und St. Ulrich; mit Umsteigen auch von Bozen und Brixen zu erreichen.

**Fahrzeiten:** Seilbahn vom Passo Pordoi zum Sas Pordoi Mitte Mai bis Mitte Okt. tägl. 8.30–17 Uhr; Auffahrt gut 5 Min.

Am **Passo Pordoi** lassen wir uns von der Seilbahn über 700 m in die Höhe tragen. Das Panorama von der Bergstation am **Sas Pordoi,** der Pordoispitze, zieht jeden in ihren Bann: Marmolèda, Pala, Civetta, Pelmo, Langkofel, Rosengarten, alle berühmten Berge der Dolomiten sind vertreten, und am Horizont zeichnen sich noch die Zillertaler und die Ötztaler Alpen ab.

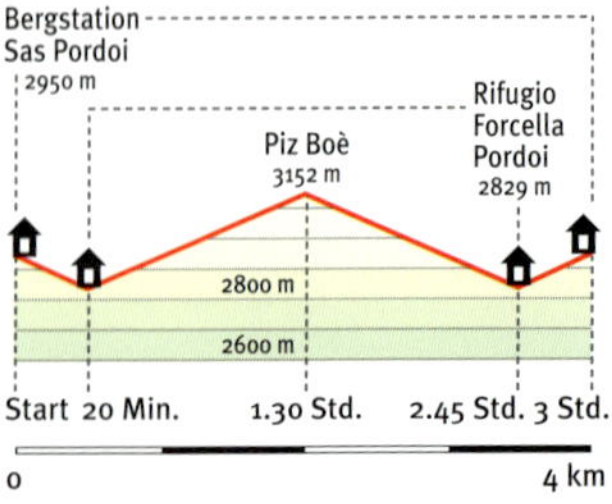


Wir wandern auf dem breiten Weg zur Pordoischarte hinunter, an der das kleine **Rifugio Forcella Pordoi** steht (20 Min.). Weit geht der Blick durch das schuttbedeckte Steiltal zum Passo Pordoi hinunter. In Richtung Rifugio Boè/Piz Boè folgen wir dem ordentlichen Steig Nr. 627 über das nahezu ebene Hochplateau der Sella zu einer nahen Wegegabelung. Ab hier ist die Ziffer 638 für uns maßgeblich. Wir halten uns leicht rechts und steigen steil zu einer Felsschulter hinauf. Majestätisch und eindrucksvoll erhebt sich vor uns der Piz Boè, unser Gipfelziel. Wer geologisch etwas bewandert ist, erkennt gut, daß der untere Teil des Berges aus sogenanntem Hauptdolomit besteht, dem nach oben helle, eng gefaltete Jurakalke folgen.

Wir müssen noch eine weitere Felsstufe bewältigen, dann beginnt der eigentliche, sehr steile Gipfelanstieg über den Südwestgrat. Etliche felsige Passagen fordern den Einsatz der Hände und führen an lebhaften Tagen immer wieder zu Wartezeiten. Außerdem sollte man gut auf die Markierungen achten. Im Frühsommer können Altschneereste den Aufstieg zusätzlich erschweren. Auch die Höhe fordert ihren Tribut, der Sauerstoffgehalt der Luft ist spürbar geringer. Schließlich erreichen wir den **Gipfel des Piz Boè,** auf dem neben einer eher häßlichen Relaisstation die kleine, privat geführte **Capanna Piz Fassa** thront (1.30 Std.). Es werden Hirten und Jäger gewesen sein, die zuerst hier oben waren. Als erster namentlich bekannter Gipfelstürmer ist der Wiener Paul Grohmann in den Annalen festgehalten, der in den 60er Jahren des vorigen Jahrhunderts auch so bedeutende Dolomitengipfel wie den Antelao oder den Sorapiss bestieg. An schönen Tagen sind alle Felsblöcke rings um die Schutzhütte dicht besetzt. Die Gipfelschau ist schier überwältigend. Klare Sicht vorausgesetzt, haben wir einen opulenten Blick auf alle namhaften Gipfel und Grate der Dolomiten. Auch Brenta, Adamello, Presanella, Ortler, Ötztaler, Stubaier, Zillertaler und Karnische Alpen können wir sehen.

Zwar führt nordwärts ein Steig direkt zum Rifugio Boè hinunter. Aber

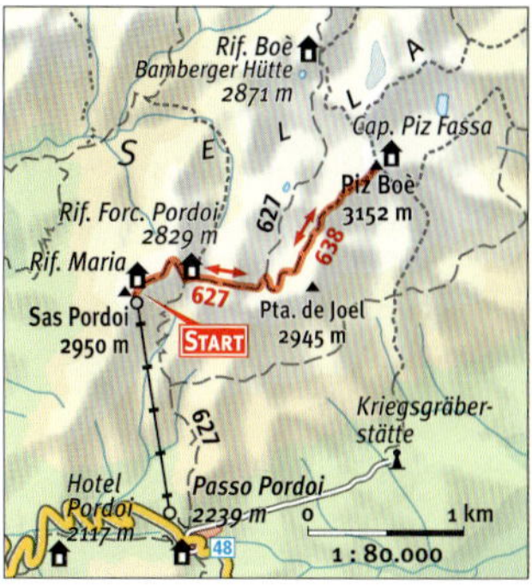


dieser Klettersteig ist schwierig und sollte wirklich bergerfahrenen Alpinisten vorbehalten bleiben. Der Abstieg geht wie der Aufstieg über den Südwestgrat. Vorsichtig klettern wir über die Felspassagen hinunter und gelangen wieder zum **Rifugio Forcella Pordoi** (2.45 Std.). Das letzte Wegstück führt noch einmal stark bergauf. Was als Hinweg im Abwärtsgang so leicht war, stellt sich nun als anstrengender Schlußanstieg zur **Seilbahn-Bergstation am Sas Pordoi** heraus (3 Std.), wo wir uns im Restaurant bei Pasta oder Apfelstrudel noch einmal von der grandiosen Bergschau faszinieren lassen können.

## Passo Pordoi

Seit vielen Jahrhunderten ist der Passo Pordoi ein wichtiger Übergang zwischen den ladinischen Tälern von Fassa und Fodom. Im Jahr 1904, als die beiden Talschaften noch zur habsburgischen Monarchie gehörten, wurde die kühn trassierte Straße über das Pordoijoch als Teilstück der »Großen Dolomitenstraße« von Bozen nach Cortina d'Ampezzo eröffnet. Der Grund für den Bau war allerdings

*Auf dem Weg zum Rifugio Forcella Pordoi*

weniger die touristische Erschließung der Täler, die Straße sollte vielmehr der Nachschubsicherung während eines drohenden Krieges dienen. Mit einer Scheitelhöhe von 2239 m war der Passo Pordoi nach dem Stilfser Joch damals der zweithöchste Straßenübergang in Österreich.

Sogleich wurde ein regelmäßiger Postkutschendienst zwischen Bozen und Cortina eingerichtet. Die Reisenden jener Zeit benötigten drei Tage für die Strecke. An der Route wurden auch Hotels erbaut, beispielsweise das Hotel Pordoi auf halbem Weg zwischen Canazei und dem Pordoijoch, in dessen Speisesaal schöne Jugendstilfresken erhalten geblieben sind. Im Ersten Weltkrieg lagen der Paß und die Höhen der angrenzenden Padonberge dann direkt auf der Frontlinie. Nach dem Krieg wurde unweit des Passes eine Kriegsgräberstätte errichtet, in der die Gebeine von über 8000 österreichischen und deutschen Soldaten bestattet sind. Es ist ein düsterer achteckiger Bau, der von einer monumentalen Ringmauer umgeben ist. Im Inneren stehen überlebensgroße Statuen von trauernden Soldaten um eine lodernde Flammenschale. Heute verläuft über den Passo Pordoi, an dem stets ein reges Ausflugstreiben herrscht, die Grenze zwischen den Provinzen Trentino und Belluno.

# Balkonblick auf den Rosengarten

**Von Alba über den Sas de Dam nach Pozza**

Sind die anderen Berggruppen, die das Val di Fassa begrenzen, meist heillos überlaufen, so hat der grüne Bergkamm zwischen dem Val di San Nicolò und dem Val Jumèla trotz bequemer Seilbahnerschließung noch fast den Rang eines Geheimtips.

## DIE WANDERUNG IN KÜRZE

+ Anspruch

4 Std. Gehzeit

1100 m Abstieg

**Charakter:** Leichte Bergwanderung auf guten Wegen, in den Orten auf Straßen. Bei Gewitterneigung sollte der Kammweg nicht begangen werden.

**Wanderkarten:** Tabacco Blatt 06 ; Kompass Blatt 59

**Einkehrmöglichkeiten:** Berghütten am Ciampàc, Rifugio Bufàure, Restaurants in Pozza di Fassa

**Anfahrt: Mit dem PKW:** Alba liegt an der Staatsstraße 641 durch das obere Val di Fassa von Canazei nach Caprile; Rückkehr per Bus. **Mit dem Bus:** Alba und Pozza liegen an den Buslinien Trento–Cavalese–Vigo di Fassa–Canazei–Fedaia und Bozen–Karerpaß–Vigo di Fassa–Canazei–Fedaia.

**Fahrzeiten:** Seilbahn von Alba (am südöstlichen Ortsrand) nach Ciampàc Ende Juni bis Mitte Sept. 8.30–12.30, 13.30–18 Uhr; Kabinenumlaufbahn vom Bufàure nach Méida Mitte Juni bis Ende Sept. 8.30–12.30, 14–17.30 Uhr

Nur fünf Minuten benötigt die Seilbahn von **Alba** tief unten im Val di Fassa hinauf in die liebliche Welt von **Ciampàc.** »Große Fläche« bedeutet der ladinische Name dieses weiten Hochtals, auf dessen fetten Wiesen die Fassataler Hirten seit Generationen ihre Tiere weiden lassen. Seit ein paar Jahrzehnten sind die sanft geneigten Hänge im Winter ein beliebtes Skirevier. Von der **Bergstation** der Seilbahn gehen wir auf dem breiten, leicht ansteigenden Fahrweg rechts am **Rifugio Ciampàc** vorbei und erreichen in ein paar Minuten die große Berghütte **Tobia del Giagher** oder Jäger-Hütte. Schauen wir uns um, sehen wir jenseits der Talfurche des Val di Fassa die Grasberge des Padonkamms und dahinter die mächtige Felsenburg der Sella mit dem Piz Boè. Sogar das kleine Schutzhaus auf dem Gipfel ist zu erkennen.

An der Jäger-Hütte queren wir schräg links die Wiese und wandern auf dem Fahrweg geradeaus weiter. Vorbei an einigen schönen alten Heustadeln gelangen wir zu einer Wegeverzweigung, an der uns ein Wegweiser nach rechts Richtung Sella Brunéc/Buffaure schickt. Wir sind jetzt auf einem breiten, mäßig steil bergauf führenden Wiesenweg, der im Winter als Skipiste dient. Etliche Sitzbänke, in deren Nähe klare Brunnen sprudeln, verführen zu einer frühen Rast. Auch geologische Studien lassen sich betreiben. Die dunklen Felsen der Crepa Nèigres an der westlichen Flanke des Tals bestehen aus vulkanischem Eruptivgestein, während der Colàc auf der anderen Talseite aus hellem Kalkgestein aufgebaut ist.

Beim weiteren Anstieg durch die Wiesen führt der breite Weg bald nach rechts und wird zusehends steiler. Wenn die Sonne brennt, ist dieser Abschnitt eine schweißtreibende Angelegenheit. Der Blick zur kühlen, eisbedeckten Marmolèda, die sich hinter uns auftürmt, kann da nur wenig Trost spenden. Aber schließlich sind wir doch oben am Wiesensattel der **Sella Brunéch** (45 Min.) und werden für die Mühen mit der prachtvollen Aussicht auf den Rosengarten und den Latemar belohnt.

Am Paß wenden wir uns nach links und folgen dem schmalen Pfad entlang der abfallenden Wiese. In Richtung Bufaure wandern wir auf dem ordentlichen Steig Nr. 613 an der linken Talseite des **Val Jumèla** sanft bergab zu einer weiteren Einsattelung. Nach links schauen wir tief in das benachbarte Val di San Nicolò hinab, hinter dem sich die Monzoni-Berggruppe erhebt. Auf unserer Seite sehen wir unten am Talgrund die Almgebäude der Malga Jumèla.

Jetzt beginnt die schöne Kammwanderung. Knapp unterhalb des Sas Porcel, der links von uns bleibt, geht es zunächst noch moderat, dann immer steiler aufwärts. Bei stabilem Wetter ist der luftige Steig auf dem Wiesengrat kein Problem. Eine kurze felsige Stelle läßt sich leicht umgehen, und nach den letzten steilen Metern stehen wir auf dem grasigen Buckel des **Sas de Dam** (1.20 Std.). Es gibt viele faszinierende Plätze in den Dolomiten, dieser hier gehört zweifelsfrei zu den schönsten. Zum Greifen nah liegt die Felsenwelt des Rosengarten vor uns. Links daneben, vom Karerpaß getrennt, erheben sich die Spitzen des Latemar. Rechts geht der Blick von der Seiser Alm hinüber zum Langkofel und Plattkofel und weiter zur Sella. Hinter uns gleißt die Marmolèda in der Sonne.

Wir folgen weiter dem Kammverlauf nach Westen. Zunächst führt der Steig steil hinab, um sogleich den nächsten Grasgipfel in kurzem Anstieg zu erklimmen. In leichtem Auf und Ab erreichen wir rasch die Wie-

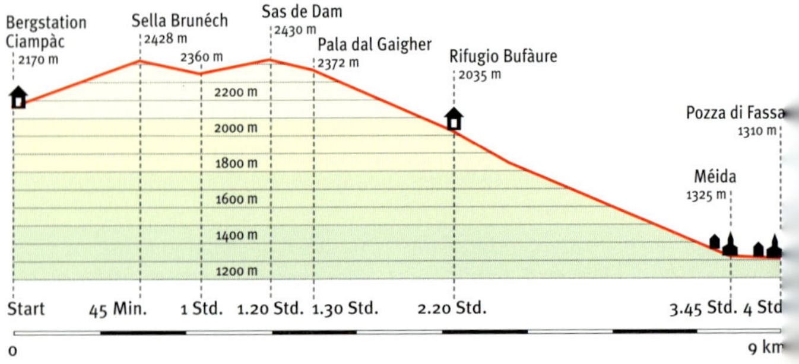

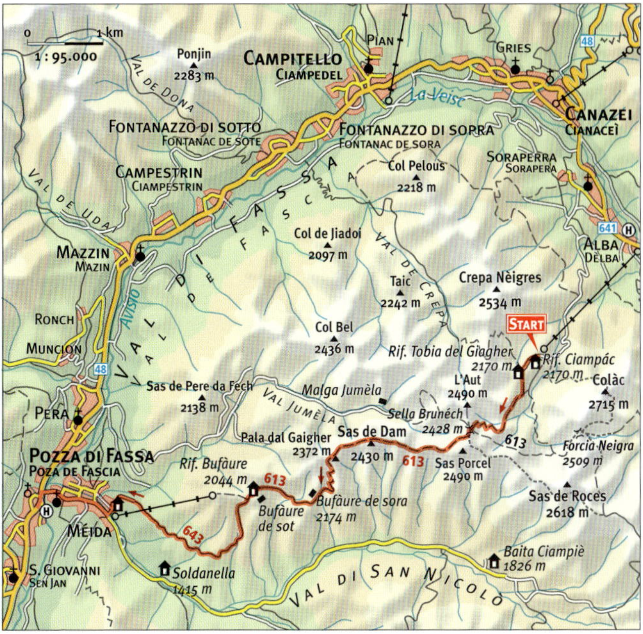


senkuppe der **Pala dal Gaigher** (1.30 Std.). Kurz darauf verläßt unser 613er-Steig den Bergkamm und führt scharf nach links. In vielen Kehren zieht sich der tief eingetretene Pfad, der bei Nässe sehr rutschig sein kann, den Hang zu den bereits lange sichtbaren Hütten von **Bufàure de Sora,** der oberen Bufàurealm, hinunter (2 Std.). Wie auf Ciampàc am Anfang der Wanderung wird auch dieses Wiesenplateau von alters her als Weidegrund genutzt. Allerdings stehen heute viele der Heustadel leer und verfallen langsam, denn die Weidewirtschaft bringt kaum mehr etwas ein.

An einem Wegweiser biegen wir rechts in den breiten Wiesenweg ein und folgen dem holprigen Fahrweg hinab in die Wiesensenke von **Bufàure de Sot,** der unteren Bufàurealm.

**Abkürzung:** Von hier aus könnte man mit der Kabinenumlaufbahn hinab nach Méida fahren und so die Wanderung um eine gute Stunde abkürzen.

Wir gehen an der großen Wegkreuzung nach links und kommen rasch zum **Rifugio Bufàure** (2.20 Std.). Der alte Wanderweg mit der Nr. 643, der noch in den meisten Karten eingezeichnet ist, existiert hier oben nicht mehr, seitdem das Skigebiet erweitert wurde. Wir müssen vorerst mit dem breiten, sehr steilen Fahrweg vorliebnehmen, der brutal in den Hang getrieben wurde und im Winter als Skipiste dient. Nach einer knappen halben Stunde zeigt der Wegweiser nach Pozza (leicht zu übersehen!) nach rechts. Hier beginnt der schmale, etwas steinige Weg Nr. 643, der durch den schönen

*Auf dem Sas de Dam mit Blick auf die Sella*

schattigen Bergwald kräftig bergab führt. Er mündet in einen breiten Forstweg, auf dem wir geradeaus sanft bergab weiterwandern. Bald kommen wir an einem Brunnen vorbei, hinter dem der Waldweg wieder schmaler wird. Dort, wo wir die Trasse der Seilbahn unterqueren, sehen wir zum ersten Mal Pozza unter uns liegen (3.30 Std.).

Bald darauf stoßen wir auf ein Sträßchen, auf dem wir links nach **Méida** hinabgehen. Unten im Tal gehen wir über die Brücke (links befindet sich die Talstation der Bufàure-Seilbahn) und biegen in die Vorfahrtsstraße rechts ein. Auf der bevorrechtigten Straße spazieren wir durch den gesamten Ort, der einst ein kleiner Weiler war, aber längst mit **Pozza di Fassa** zusammengewachsen ist. In die kreuzende Staatsstraße Nr. 48, die Via Roma, biegen wir links ein und finden am nahen **Hotel Trento** die **Bushaltestelle** (4 Std.).

## Alba

Das Dorf Alba, das zur Gemeinde Canazei gehört, ist eine der letzten Siedlungen im oberen Val di Fassa. Die meisten Häuser liegen hochwassergeschützt auf dem Schwemmkegel eines Seitenbaches des Talflusses Avisio. Dies erklärt auch den ladinischen Namen des Ortes, denn *Dèlba* leitet sich vom vorrömischen Wort *alb für* Anhöhe ab. Heute ist Alba wie die anderen Dörfer des Fassatals ein moderner Fremdenverkehrsort, in dem nur noch wenig an die alte bäuerliche Kultur erinnert.

# Im Labyrinth

## Zu Füßen des Latemar vom Karerpaß zum Karersee

Das Gebiet um den Karerpaß, der den Latemar vom Rosengarten trennt, wurde vor hundert Jahren touristisch erschlossen. Während der Rosengarten von Wanderern nur so wimmelt, finden sich um den zerklüfteten Latemar noch ruhige Wege in einsamen Wäldern.

### DIE WANDERUNG IN KÜRZE

+ Anspruch

3 Std. Gehzeit

500 m Abstieg

**Charakter:** Leichte Bergwanderung auf guten Wegen

**Wanderkarten:** Tabacco Blatt 06 oder 029; Kompass Blatt 54

**Einkehrmöglichkeiten:** Nur ein Imbißstand am Parkplatz Karersee

**Anfahrt: Mit dem PKW:** Karerpaß und Karersee liegen an der Staatsstraße Nr. 241 von Bozen über Welschnofen ins Val di Fassa. Rückkehr zum Ausgangspunkt der Tour per Bus. **Mit dem Bus:** Mehrmals täglich Busverbindung von Bozen über Welschnofen und Karersee zum Karerpaß und weiter nach Canazei im Val di Fassa; der Startpunkt der Tour kann auch mit der Buslinie Bozen–Tiers–Karerpaß erreicht werden.

Unsere Wanderung beginnt direkt an der Bushaltestelle am **Karerpaß,** der einer der wichtigsten Straßenübergänge zwischen den Provinzen Südtirol und Trentino ist. Ein Wegweiser zeigt uns die Richtung zu den Latemarwiesen (Weg Nr. 17). Vorbei am **Café Antermont** schlendern wir auf dem breiten, sanft ansteigenden Weg auf die Felsenburg des Latemar zu. Im Gegensatz zum Rosengarten gegenüber fallen die vielen Schutthalden und Kare am Fuß des Gebirgsstocks auf. Das Gestein des Latemar ist viel brüchiger, denn es ist nur schwach ›dolomitiert‹, d.h. es enthält nur wenig Magnesiumkarbonat. In einer alten Urkunde findet sich die Bezeichnung *Limitar,* Grenzberg, für diese Berggruppe, die einst die Fürstbistümer Brixen und Trient voneinander trennte.

An der ersten Gabelung folgen wir dem 17er-Weg nach halbrechts und gehen an der folgenden Verzweigung, kurz vor der Skilifttrasse, leicht nach links in den Bergwald hinein. Von jetzt an führt der Weg kräftig bergauf. Er mündet bald in einen breiteren Weg, auf dem wir etwas weniger steil durch den **Latemarwald** bergwärts weiterwandern. Wir passieren ein Holzgatter und steigen über die schönen **Latemarwiesen** bergan. Bis vor wenigen Jahren weideten auf dieser Hochalm während des Sommers bis zu 350 Tiere, hauptsächlich Ochsen, die aus den Gemeinden Welschnofen, Gummer und Steinegg heraufgetrieben

*Im Felsenlabyrinth am Latemar*

wurden. Heute bimmeln hier nur noch wenige Kuhglocken. Die Alm ist ein schöner Rastplatz, von dem wir den Rosengarten mit der mächtigen Rotwand, den langen Sattel des Schlern und den runden Buckel der Völsegg sehen. Vor uns schauen wir auf die Nordhänge des Latemar mit der Latemarspitze und den Latemartürmen, unter denen vor rund 400 Jahren Eisenerz abgebaut wurde.

Am oberen Rand der Wiese muß man darauf achten, den richtigen Steig zu erwischen. **Vorsicht:** Die Eintragungen in den gängigen Wanderkarten sind falsch. Wir nehmen den Pfad Nr. 18 leicht links, der Richtung Latemarspitze ausgeschildert ist (40 Min.), und wandern im lichten Bergwald nach einem kurzen Abstieg mäßig steil bergauf zu einem felsigen Seitentälchen. Hier verlassen wir den Anstiegsweg zur Latemarspitze und biegen scharf rechts in den schmalen Pfad ein, der ebenfalls die Nummer 18 trägt.

Leider müssen wir jetzt einen starken Höhenverlust in Kauf nehmen. Parallel zum Tälchen führt unser Steig in Kehren steil hinab. Links sehen wir bereits die massigen Felsklötze eines uralten Bergsturzes, der unser Zwischenziel sein wird. Wir kreuzen einen breiteren Querweg und bleiben geradeaus auf dem 18er-Steig, der nun nur noch sanft bergab verläuft. Am nächsten Querweg gehen wir leicht rechts weiter und schlagen kurz darauf links den Steig Nr. 20 ein.

Hier sind wir im sogenannten **Labyrinth** (1.15 Std.) und wandern auf dem allmählich ansteigenden Steig im Zickzack zwischen den Felsblöcken entlang. Einen Ariadnefaden brauchen wir nicht, denn der Wegverlauf ist stets eindeutig. Immer näher rücken wir an die Felsabbrüche heran, von denen vor rund 160 Jahren die gewaltigen Steinbrocken in die Tiefe donnerten und einen großen See, die Geplänklacke, verschütteten. Später wird der Pfad steiler. Manchmal erleichtern ein paar Steinstufen den Anstieg, ab und an müssen wir auch den Kopf einziehen, um nicht an die Felsen zu schlagen.

Sobald wir, nach etwa einer knappen Dreiviertelstunde, wieder den Wald erreichen, beginnt unser Weg

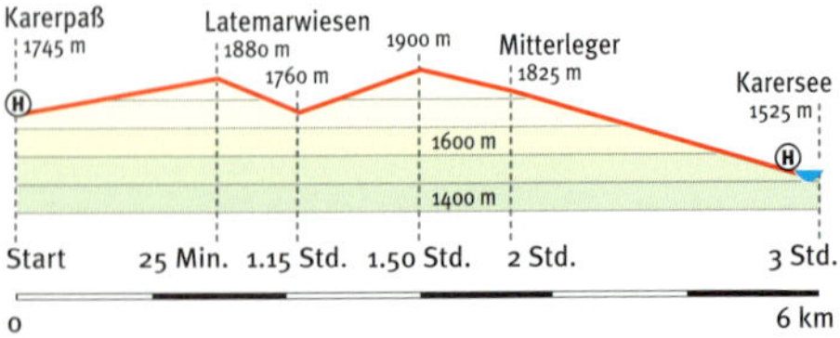

leicht zu fallen, und wir gelangen rasch zur lieblichen Waldlichtung des **Mitterleger,** die ebenfalls in früheren Zeiten eine Ochsenalm war (2 Std.). Heute ist die Wiese Wohn- und Spielplatz von Murmeltieren, die aber sofort mit einem grellen Pfiff in ihre Verstecke flüchten, wenn jemand naht. Oberhalb des Mitterlegers wurde in den 30er Jahren des 20. Jh. rote Hämatiterde abgebaut, die zum Färben blasser Tabake oder von Holz diente. Wir folgen dem grob gepflasterten Weg, der eine leichte Rechtskurve beschreibt, und stoßen wenig später auf einen Schotterweg, der mit 11 und 21 markiert ist.

In den breiten Forstweg biegen wir rechts ein und bleiben auch an der nahen Gabelung auf dem Fahrweg Richtung Karersee. Mäßig steil und auf die Dauer etwas eintönig zieht sich der Waldweg durch den dichten **Karerwald** bergab. Nur ab und an bringen die Ausblicke auf den Rosengarten und den Latemar ein wenig Abwechslung.

Sobald es laut und lebhaft wird, sind wir am **Karersee,** an dem die recht stark befahrene Große Dolomitenstraße unmittelbar vorüberführt. Der blaugrüne See, in dem sich die Türme des Latemar spiegeln, ist ein vielbesuchtes Ausflugsziel. Nur ganz früh am Morgen oder spät am Nachmittag ist noch der Zauber zu spüren, der das Gewässer zu einem der schönsten in den Dolomiten macht. In die Straße biegen wir rechts ein und gehen die wenigen Schritte leicht bergauf zum **Parkplatz,** an dem sich auch die **Haltestelle** befindet (3 Std.).

# Südtirols Grand Canyon

**Vom Jochgrimm über das Weißhorn und die Bletterbachschlucht nach Kaltenbrunn**

Mit einer Länge von 12 km und einem Höhenunterschied von 2000 m vom Weißhorn bis zur Etschtalsohle gehört die Schlucht des Bletterbachs zu den gewaltigsten in Europa.

## DIE WANDERUNG IN KÜRZE

**++** Anspruch

**5 Std.** Gehzeit

**1300 m** Abstieg

**Charakter:** Lange Streckenwanderung auf guten Wegen, unter dem Gipfel steil und felsig; bei Gewitterneigung sollte der Gipfel des Weißhorns gemieden werden

**Wanderkarten:** Tabacco Blatt 014 oder 029; Kompass Blatt 74

**Einkehrmöglichkeiten:** Schutzhütte Jochgrimmhaus, Hotel Schwarzhorn, Gasthäuser in Oberradein, Unterradein und Kaltenbrunn

**Anfahrt: Mit dem PKW:** Auf der Staatsstraße Nr. 48 (Auer–Val di Fassa) bis Cavalese und von dort mit dem Bus zum Jochgrimm. Rückkehr nach Cavalese ebenfalls per Bus. **Mit dem Bus:** Cavalese und Kaltenbrunn liegen an der Linie Bozen–Predazzo, von Cavalese im Juli/August Busverbindung zum Jochgrimm/Passo Occlini.

Keine 20 Schritte vom **Jochgrimmhaus** am gleichnamigen Paß beginnt der mit dem Buchstaben H markierte Weg. Mäßig steil führt er durch die saftigen Bergwiesen nach Norden auf das Weißhorn zu. Mit dicken Holzprügeln, die weite Treppenstufen abstecken, wird eher erfolglos versucht, den Weg am Wiesenhang gegen die Erosionsschäden zu

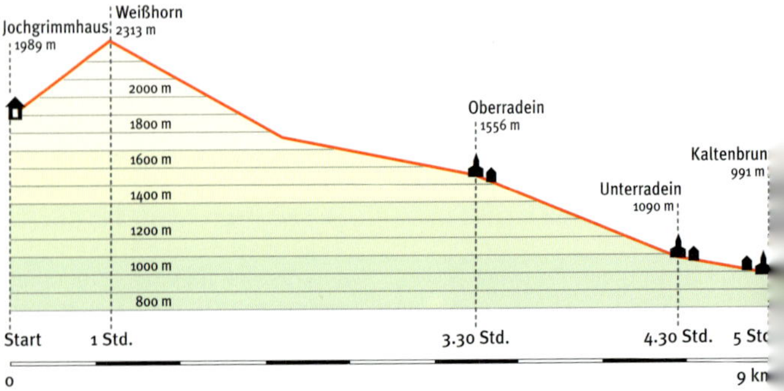

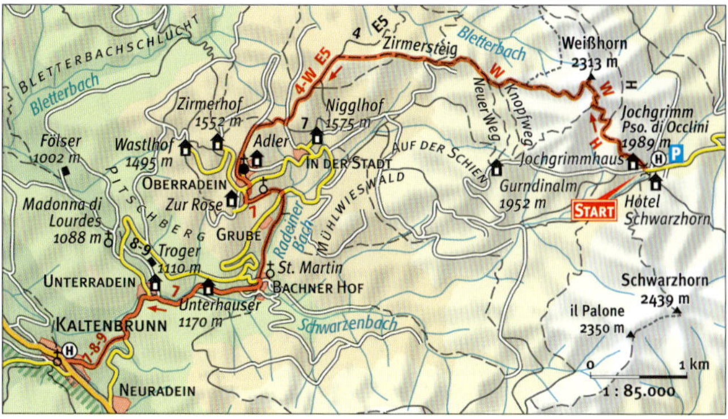


schützen. Im Latschengehölz wird unser Steig steiler und steinig. Nach einer guten halben Stunde haben wir den felsigen Gipfelaufbau erreicht. Bei stabilem Wetter ist auch das Schlußstück zur Bergspitze nicht schwierig. Nur die allerletzten Meter zum langgestreckten Gipfelgrat sind so steil, daß die Hände zum Einsatz kommen müssen. Am Gipfelkreuz des **Weißhorns** (1 Std.) können wir die umfassende Aussicht genießen: Schwarzhorn, Zanggenberg, Latemar und Schlern sind die Berge in der Nähe. Bei gutem Wetter reicht der Blick von den Gardaseebergen im Südwesten über Adamello, Presanella, Brenta und Ortler bis zu den Ötztaler Alpen im Norden. Auch die breite Furche des Etschtals und die steil abfallende Schlucht des Bletterbaches, in die wir gleich absteigen werden, sind gut zu erkennen.

Nach der Gipfelrast steigen wir auf dem Hinweg etwa 15 Höhenmeter ab und folgen dann der Markierung »W« zum Zirmersteig. Nach einer kurzen Steilstufe gehen wir rechts auf dem schmalen Steig weiter, der kurz unterhalb des Gipfelkreuzes verläuft und bald in Serpentinen durch Latschengehölz abwärts führt. Für eine kurze Strecke verläuft der Pfad später direkt am Rand der Gorz entlang, wie der Talschluß der rund 500 m breiten **Bletterbachschlucht** heißt (1.15 Std.). Gut können wir den geologischen Aufbau des Weißhorns studieren: Das helle Dolomitgestein am Gipfel geht in die sogenannten Werfener Schichten und dann in die Sandsteinzone über.

Mal näher, mal etwas weiter von der Kante des Steilhangs entfernt, wandern wir im Zickzack auf dem **Zirmersteig** durch den lichten Zirbelkiefernwald abwärts. Wir kommen an einem schönen Rastplatz mit einer Holzbank vorbei, an dem wir nochmals einen Prachtblick auf die canyonartige Schlucht haben. Alle abzweigenden Wege, ob »Knopfweg« oder »Neuer Weg«, beachten wir nicht. Wir richten uns weiterhin nach der Markierung »W« und den Schildern nach Radein. Später vereinigt sich unser Weg mit dem Europäischen Fernwanderweg E 5, der den Bodensee mit Verona verbindet (2.30 Std.).

Eine knappe halbe Stunde danach sind wir an einer Wegkreuzung, an der ein wahrer Schilderwald steht. »Kirche 15 Min.« ist die richtige Losung für unseren Weiterweg. Wenig später verlassen wir

den E 5 und gehen auf dem sanft ansteigenden Weg leicht nach links weiter. Den nahen Abzweig zum Gasthof Roter Adler lassen wir links liegen. Kurz darauf passieren wir einen Hof und erreichen die Kirche des alten Sommerfrischeortes **Oberradein,** die dem hl. Wolfgang geweiht ist und deren Grundmauern aus dem 15. Jh. stammen dürften (3.30 Std.).

Mit einer Höhe von 1556 m über NN gehört Oberradein übrigens zu den höchstgelegenen Siedlungen in Südtirol. Die alten Bergbauernhöfe liegen weit verstreut auf einer Bergschulter. Eine der Häusergruppen trägt verblüffenderweise den Namen »In der Stadt«. Die Knappen, die hier im Mittelalter am Bletterbach nach Kupfer schürften, besaßen nämlich ein »Stadtrecht«, dessen Privilegien sie von der bäuerlichen Bevölkerung abhoben. Im Roseggerhaus ist ein geologisches Museum über die Bletterbachschlucht untergebracht.

Wir spazieren rechts an der Kirche entlang und richten uns jetzt bis zum Ziel nach den Markierungen des Wanderweges Nr. 7. Nach der Kreuzung mit einer kleinen Straße mündet unser Weg in ein weiteres Teersträßchen, auf dem wir wenige Schritte talwärts gehen und dann nach links in den breiten abwärtsführenden Schotterweg einbiegen.

*Blick in die Bletterbachschlucht*

An einer Kapelle vorbei gelangen wir zur Zufahrtsstraße, die nach Oberradein hinaufzieht. Leicht rechts versetzt finden wir die ausgeschilderte Fortsetzung unserer Route auf der anderen Straßenseite. Der Karrenweg läuft erst am rechten, dann am linken Ufer des Radeiner Baches steil hinunter zur Hausgruppe **St. Martin** (4 Std.).

Geradeaus am **Bachner Hof** vorbei gehen wir bergab vorbei am **Gasthof Unterhauser** und durch **Unterradein** (4.30 Std.). Auf der Vorfahrtsstraße bleiben wir geradeaus und nehmen nach etwa 500 m rechts den mit den Ziffern 7-8-9 markierten Alt-Radeinweg, der mäßig steil durch den Wald abwärts verläuft. In der Nähe des Sportplatzes stoßen wir auf einen Naturfahrweg, auf dem wir geradeaus schnell nach **Kaltenbrunn** gelangen. Wir bleiben auf dem Teersträßchen geradeaus, bis es in die Staatsstraße mündet. Gegenüber dem Hotel befindet sich die **Bushaltestelle** (5 Std.).

Es wundert nicht, daß der Name der kleinen Ortschaft Kaltenbrunn auf eine kalte Quelle zurückgeführt wird, die Heilkräfte besitzen soll. Die Siedlung liegt an der wichtigen Straßenverbindung von Auer im Etschtal nach Cavalese im Valle di Fiemme. Parallel zur Straße verlief einst die Fleimstalbahn, die im Ersten Weltkrieg zur Versorgung der Dolomitenfront gebaut wurde. 1963 wurde die Bahnlinie stillgelegt.

## Das Jochgrimm

Das Jochgrimm, an dem der Sage nach der Riese Grimm sein Unwesen getrieben haben soll, ist ein uralter Paßübergang. Bereits 6000 v.Chr. haben Jägergruppen den flachen Sattel als Rastplatz genutzt, wie Werkzeuge aus Feuerstein beweisen, die hier bei Grabungen gefunden wurden. Der Paß wird von einem ungleichen Gipfelpaar beherrscht. Die Namen der beiden Berge deuten es an: Das Schwarzhorn im Süden besteht aus dunklem Quarzporphyr, während das Weißhorn aus hellgrauem Sarldolomit aufgebaut ist. Die Wiesen rings um das Joch sind für ihr kräftiges, würziges Bergheu bekannt, das im Gasthaus Jochgrimm für Heubäder benutzt wird.

Tour 20

# Mit der Angel in die Berge

**Von der Alpe Cermis hoch über Cavalese zu den Seen des Lagorai**
Die Lagorai-Kette *(Catena dei Lagorai)* am Südrand der Dolomiten gehört zu den einsamsten Gebirgsgruppen im Trentino. Die Versuche, in diesem nahezu unberührten Gebiet einen Naturpark zu errichten, kommen allerdings nicht so recht voran.

## DIE WANDERUNG IN KÜRZE

++ Anspruch

5.30 Std. Gehzeit

1250 m Abstieg

**Charakter:** Mittelschwere, lange Bergwanderung auf guten Wegen, teilweise Trittsicherheit und Schwindelfreiheit erforderlich

**Wanderkarten:** Tabacco Blatt 014; Kompass Blatt 74

**Einkehrmöglichkeiten:** Nur das Rifugio Paion an der Bergstation des Sessellifts und die Baita Doss Laresi an der Mittelstation der Kabinenumlaufbahn

**Anfahrt: Mit dem PKW:** Cavalese liegt an der Staatsstraße Nr. 48 Auer–Val di Fassa. Die Talstation (»Funivie Alpe Cermis«) befindet sich am südlichen Ortsrand in Nähe des Eisstadions (Parkplatz). **Mit dem Bus:** Cavalese liegt an den Buslinien Bozen–Predazzo und Trento–Canazei. Vom Busbahnhof geht man nach rechts über die Fußgängerbrücke zum Parco della Pieve und dort nach links parallel zur tieferliegenden Straße zur Liftstation.

**Fahrzeiten:** Kabinenumlaufbahn von Cavalese zum Eurotel Anfang Juli bis Mitte Sept. tägl. 9–12, 14–18 Uhr, Sessellift zum Paion de Cermis tägl. 9–12.20, 14–17.30 Uhr

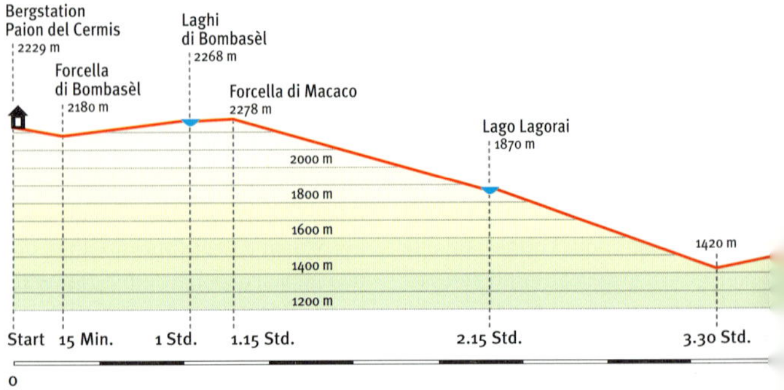

Ohne zeitraubende Anstiege sind Höhenwanderungen in der wenig erschlossenen Lagorai-Gruppe normalerweise nicht durchzuführen. Zum Glück gibt es die Aufstiegsanlagen zur Alpe Cermis, die uns in drei Etappen von **Cavalese** in die alpine Bergregion hinauftragen. Wie ein Aussichtsbalkon erhebt sich der ansonsten unscheinbare **Paion del Cermis** über dem Valle di Fiemme, dem Fleimstal. Wir erkennen im Westen jenseits des Etschtals die Brenta und den Kamm der Mendel, im Norden hoch über Cavalese das Schwarzhorn, den Zanggenberg sowie die filigranen Spitzen des Latemar und im Süden die nahe Kette der Lagorai-Berge aus dem dunklen vulkanischen Gestein, das geologisch zur Bozener Porphyrplatte gehört.

Von der **Bergstation** des Sessellifts gehen wir rechts am **Rifugio Paion** und am Sendemast vorbei und folgen dem breiten Weg Nr. 2/3 leicht bergab zum Sattel der **Forcella di Bombasèl** (15 Min.). Nach links (Nr. 3/6) steigen wir problemlos auf dem breiten, steinigen Weg durch die Schlucht ab. Die Stahlseilsicherung ist eher überflüssig, beruhigt aber ängstliche Gemüter. Entlang der steinigen Wiesen von Bombasèl geht es dann moderat, aber stetig bergauf. Manche Wanderer, die hier unterwegs sind, haben eine Angelrute im Rucksack stecken. Je nach Jahreszeit und Wasserstand liegen in der felsigen Mulde unterhalb der Felspyramide des Castel di Bombasèl nämlich bis zu fünf kleine Seen, die **Laghi di Bombasèl** (1 Std,), die sehr fischreich und daher ein beliebtes Angelrevier sind. An ihren Ufern blühen zahllose Enziane, Türkenbundlilien und Veilchen. Die Sennhütte an einem der kleinsten Seen, die auf manchen Karten als Jausenstation eingezeichnet ist, ist allerdings nicht bewirtschaftet!

Wir schlendern am linken Ufer des größten Sees entlang und orientieren uns am Wegweiser zum Lago Lagorai. Bis zum Ende der Tour gilt jetzt die Markierung Nr. 6. Zunächst steigt der Weg kurz, aber kräftig zur **Forcella di Macaco** oberhalb des Sees an. An der Einsattelung wenden wir uns nach rechts. Nach wenigen Schritten sehen wir tief unter uns schon den Lago Lagorai. Der schmale, abschüssige Pfad, der am steilen Berghang auf das Valle dei Laghetti zuführt, erfordert Aufmerksamkeit und Schwindelfreiheit, besonders dort, wo der Steig in Kehren rasch an Höhe verliert. Den Abzweig des Weges Nr. 316, der hinauf zu den kleinen Laghetti di Lagorai führt, ignorieren wir. Wir halten uns vielmehr links (Nr. 6, später auch Nr. 316/353) und wandern im Tal **Il Vallone** über die von Steinen übersäten Bergwiesen hinab zum **Lago Lagorai** (2.15 Std.). Der Name *Lagorai* bedeutet »Wiesenfläche, die einen See umgibt«. Der Name des Sees, in dem sich Forellen tummeln, wurde auf das gesamte Bergmassiv übertragen.

Wir kommen an der Zufahrt der nahen **Malga Lagorai** vorbei, die nicht bewirtschaftet ist, aber eine stets offene Notunterkunft bietet. Geradeaus wandern wir auf einer alten Militärstraße weiter, die im Ersten Weltkrieg von den österreichischen Truppen erbaut wurde. Sie

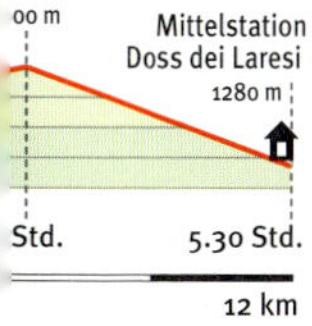

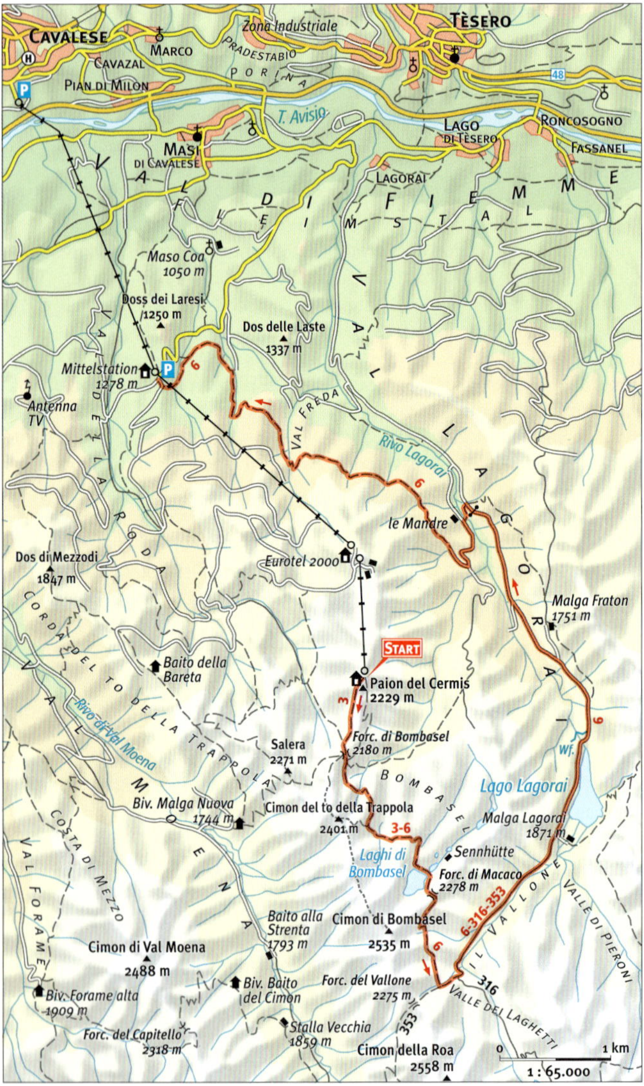


diente zur Versorgung der sogenannten Fleimstalfront, die über die Gipfel des Lagorai verlief. Auf diesem breiten, unbefestigten Fahrweg spazieren wir am östlichen Ufer des Sees entlang. Mit einer Länge von 660 m ist der Lago Lagorai der größte See in diesem Bergstock.

Am Nordrand des Sees öffnet sich das **Val Lagorai,** und wir können über das Valle di Fiemme hinweg bis zum Schwarzhorn schauen. Wild stürzt der Rivo Lagorai über die Steilstufe. Wir passieren die Brücke und folgen der nun sorgsam gepflasterten Kriegsstraße, einem Meisterwerk des alpinen Wegebaus, steil bergab. Bald tauchen wir in einen Fichtenwald ein, der zunächst noch von einigen Lärchen und Zirbelkiefern durchsetzt ist. Auf diesen dichten Wäldern beruht der Reichtum des Fleimstals, in dem die Holzwirtschaft eine bedeutende Rolle spielt. Den Abzweig zur Malga Fratòn beachten wir nicht. Je weiter wir absteigen, desto schlechter ist die alte Pflasterung erhalten. Schließlich ist der Weg eine ganz normale Forststraße, die sich durch das tief eingeschnittene Val Lagorai steil abwärts zieht.

An einer großen Übersichtstafel passieren wir eine **Straßenschranke** (3.30 Std.) und verlassen hier den Forstweg. Ein kleines Hinweisschild (Doss Laresi/Staz. Intermedia/Nr. 6) schickt uns nach links über eine große Waldlichtung, die **Mandre** (= Herde) genannt wird. Wir überqueren eine kleine Holzbrücke, halten uns links und wandern auf dem leicht ansteigenden Forstweg auf der anderen Talseite zunächst wieder nach Süden. Wir kommen an einer Almhütte vorbei, folgen dem Weg nach rechts bergauf, kreuzen ein steiles Seitental und gelangen schließlich zu einem kleinen **Wasserfall** (4 Std.). Bald haben wir den Talausgang des Val Lagorai erreicht, das nun tief unter uns liegt. Zwischen den Bäumen hindurch sehen wir bereits das Valle di Fiemme.

Hier, an der Nordflanke des Cermis, beginnt unser Abstieg, der zunächst durch einen Himbeerschlag führt. In der Tiefe liegen Tèsero und Cavalese. Wir gehen auf dem gut markierten Steig im Zickzack hinab zu einem Bach, dessen Rauschen wir lange hören, bevor wir ihn sehen, und auf der anderen Seite auf nun breiterem Weg weiter. Immer der Markierung Nr. 6 folgend, erreichen wir schließlich eine steile Wiese und spazieren auf der anderen Seite auf der Naturfahrstraße die letzten Meter zur **Mittelstation** der Seilbahn (5.30 Std.).

*Angler am Lago Lagorai*

Tour 21

# Geigen und Geschütze

**Vom Lago di Forte Buso durch den Nationalpark von Panevéggio**
In den tiefen Wäldern von Panevéggio, deren Holz von berühmten Geigenbauern seit Jahrhunderten wegen der überragenden Klangfülle geschätzt wird, verbirgt sich die Ruine eines »Fernkampfwerks« aus der Zeit der österreichischen k.u.k. Monarchie.

## DIE WANDERUNG IN KÜRZE

**+** Anspruch

**2.45 Std.** Gehzeit

**400 m** An-/Abstieg

**Charakter:** Leichte Wanderung auf alten Kriegsstraßen und Forstwegen

**Wanderkarten:** Tabacco Blatt 014 und 022; Kompass Blatt 76

**Einkehrmöglichkeiten:** Unterwegs keine, Hotel La Bicocca in Panevéggio

**Anfahrt: Mit dem PKW:** Wegen der eingeschränkten Parkmöglichkeiten am Ausgangspunkt fährt man am besten auf der Staatsstraße Nr. 50 Predazzo–San Martino di Castrozza zum Endpunkt der Tour in Panevéggio und nimmt den Bus zum Startort. **Mit dem Bus:** Start- und Endpunkt der Wanderung liegen an der Buslinie Predazzo–Passo Rolle–San Martino di Castrozza–Fiera di Primiero (nur werktags). Sagen Sie dem Busfahrer, daß Sie an der Haltestelle Lago di Forte Buso aussteigen möchten *(vorrei discendere al fermata Lago di Forte Buso, per favore)*.

Der Ausgangspunkt unserer Wanderung an der Bushaltestelle **Lago di Forte Buso** ist eine eher düstere Engstelle der Staatsstraße Nr. 50. Von einem See ist nichts zu sehen (der Stausee liegt noch ein kurzes Stück weiter östlich). Der Anfang der Tour ist nicht ganz leicht zu finden, kein Hinweisschild und keine Markierung weist die Richtung. Der Weg beginnt direkt an der Haltestelle, an der die Busse in Richtung Predazzo halten. Es ist die unbefestigte Zufahrt zu einem nahen Steinbruch, den wir zunächst umgehen müssen, denn das Gelände darf nicht betreten werden. Wir folgen der mäßig steil ansteigenden Zufahrtsstraße nordwärts zu einer Schranke und gehen hier links auf der alten, grob gepfla-

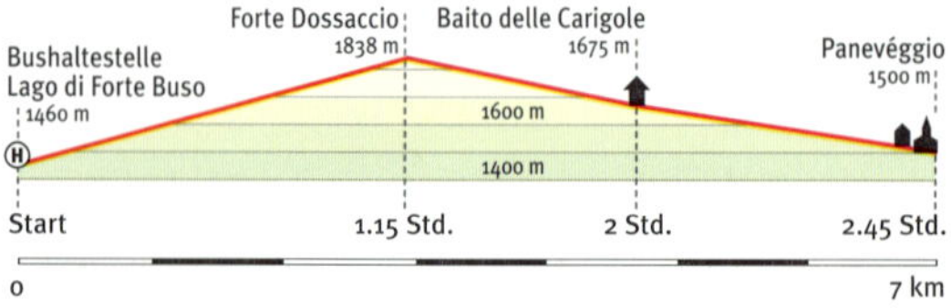

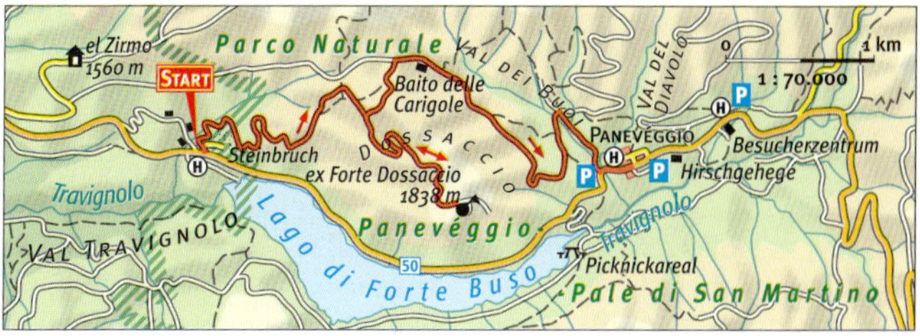


sterten Kriegsstraße weiter, die von den österreichischen Truppen im 19. Jh. zur Versorgung ihres Sperrforts Dossaccio erbaut wurde. An der nächsten Schranke halten wir uns scharf links und folgen dem Steinbruchfahrweg noch ein kurzes Stück bergauf. Vor der folgenden Kurve verlassen wir endgültig die Zufahrt zum Steinbruch und wandern auf der gepflasterten Kriegsstraße geradeaus weiter.

Da auf diesem früheren Armierungsweg schwere Lasten wie Geschütze und Munition transportiert wurden, ist die Steigung sehr moderat und gleichmäßig. Auch die Kurven holen weit aus. Ab und an kommen wir an spärlichen Überresten von militärischen Bauten vorbei. Der Lärm der Preßlufthämmer aus dem Steinbruch verklingt allmählich. Wir sind jetzt im **Staatsforst von Panevéggio,** der Teil eines großen Naturparks ist. Der schöne, weitgehend ursprüngliche Wald besteht hauptsächlich aus Fichten, die bis zu 40 m hoch sind. Obwohl der Weg weiterhin unmarkiert ist, ist er nicht zu verfehlen, wenn man an allen Abzweigungen geradeaus geht.

Wir erreichen eine große Lichtung (40 Min.), an der uns ein Wegweiser nach rechts schickt. Der gut erkennbare Pfad, der die Kriegsstraße zeitsparend abkürzt, führt über Felsplatten, die bei Nässe etwas glitschig sind, steil aufwärts. Nach 10 Min. stoßen wir wieder auf den Armierungsweg und gehen nach rechts weiter. Die alte Kriegsstraße ist in diesem Abschnitt zu einem Forstweg ausgebaut worden. Wir wandern stetig bergauf und gelangen ohne größere Mühen zum **Forte Dossaccio** (1.15 Std.). Dieses »Fernkampfwerk«, das auf einem Plateau hoch über dem Travignolo-Tal steht, wurde 1890–95 aus meterdickem Stahlbeton erbaut und gleicht einer riesigen Bunkeranlage. Die schwere Bewaffnung, die aus drehbaren Panzerhaubitzen und anderen Kanonen bestand, sollte ein mögliches Vorrücken der italienischen Truppen in das Fleimstal verhindern. Obwohl das Fort im Ersten Weltkrieg im frontnahen Bereich lag, wurde es kaum beschädigt. Trotzdem sollte es wegen Einsturzgefahr auf keinen Fall betreten oder bestiegen werden.

Auf der anderen Talseite sehen wir die Lagorai-Kette mit dem Colbricon, der im Ersten Weltkrieg hart umkämpft war. Ganz links können wir den Passo Rolle und die Pale-Dolomiten erkennen.

Nach der wohlverdienten Pause gehen wir auf der Kriegsstraße zurück. Den Abkürzungspfad des Hinweges beachten wir jetzt nicht, sondern folgen dem Armierungsweg weiter bergab. An der Fahrwegeinmündung mit dem Wegweiser halten wir uns rechts Richtung Panevéggio (1.45 Std.) und gehen wenig später ein weiteres Mal rechts. Kurz darauf gelangen wir zu einer großen blumenübersäten Bergwiese. Wenige Schritte abseits des Fahrweges steht hier rechts die unbewirtschaftete Forsthütte **Baito delle Carigole** (2 Std.). Der stets offene kleine Holzbau mit seinen zwei einfachen Schlafplätzen kann bei einem Wetterumschwung gute Dienste leisten. Hinter der Wiese und den tiefen Wäldern erheben sich in der Ferne die mächtigen Türme und Zacken der Pale-Dolomiten. Später überqueren wir den Wildbach **Rio di Val dei Bovi** (2.30 Std.). An der Wegverzweigung folgen wir dem Fahrweg nach halbrechts. Wir kreuzen nochmals den Bach und spazieren am Parkplatz entlang zur Staatsstraße Nr. 50, in die wir dann links einbiegen. Schnell haben wir die Siedlung **Panevéggio** erreicht, die

nur aus wenigen Häusern besteht (2.45 Std.). Das Hotel La Bicocca am Ortsanfang, an dem sich auch die Bushaltestelle befindet, ist die einzige Einkehrmöglichkeit im Ort.

## Staatsforst Panevéggio

Der über 4000 ha große Staatsforst von Panevéggio ist Teil des Naturparks Panevéggio-Pale di San Martino. Bekannt ist er für seine alten Bestände von Haselfichten, deren Holz in Musikerkreisen sehr geschätzt wird. Es zeichnet sich durch ein besonderes Resonanzvermögen aus, das die Klangwellen sehr gut überträgt. Besonders geeignet sind Stämme, die an schattigen, windgeschützten Standorten ganz langsam herangewachsen sind. Bereits im 17. Jh. bezogen bedeutende Instrumentenbauer wie die Stradivari, Guarnieri und Amati das Holz für ihre Geigen aus den Wäldern von Panevéggio. Aus den langen, ranken Fichtenstämmen wurden auch viele Segelschiffe der venezianischen Flotte erbaut.

Im Naturpark leben zahlreiche seltene Tiere wie Adler, Luchse und Fischotter, die man allerdings so gut wie nie zu Gesicht bekommt. Leichter ist es, die Hirsche zu beobachten, die in einem großen Tiergehege im Weiler Panevéggio gehalten werden. Im 19. Jh. wurden sie erbarmungslos gejagt und ausgerottet. Erst 1960 setzte man wieder einige Exemplare aus, die sich in den unberührten Wäldern so stark vermehrt haben, daß heute wieder etwa 160 Hirsche im Parkgebiet leben. Ganz in der Nähe des Tiergeheges befindet sich auch das Besucherzentrum des Parks, das eine kleine naturkundliche Ausstellung (in italienischer Sprache) zeigt. Im Süden grenzt der Naturpark an den **Lago di Forte Buso** (oder Lago di Panevéggio). Der künstliche See, der vom Fluß Travignolo gespeist wird, wurde 1950 zur Stromerzeugung aufgestaut. Am östlichen Ende liegt ein Freizeitareal mit Grill- und Picknickplätzen.

*Baita Segantini mit Pale-Dolomiten*

# Am ›Matterhorn‹ der Dolomiten

## Vom Passo Rolle um den Castellaz

In Bergsteigerkreisen hat die mächtige Pala-Gruppe einen guten Ruf. Engländer entdeckten im 19. Jh. die lotrechten Wände und schlanken Felstürme als alpinen *playground*. Aber auch für Wanderer halten die Pale-Dolomiten phantastische Touren bereit.

### DIE WANDERUNG IN KÜRZE

+ Anspruch

3 Std. Gehzeit

350 m Abstieg

**Charakter:** Leichte Bergwanderung auf guten Wegen und alten Kriegsstraßen

**Wanderkarten:** Tabacco Blatt 022; Kompass Blatt 76

**Einkehrmöglichkeiten:** Baita Segantini, Malga Venegiota, zahlreiche Bars/Restaurants am Passo Rolle

**Anfahrt: Mit dem PKW:** Über den Passo Rolle führt die Staatsstraße Nr. 50 Predazzo–San Martino di Castrozza–Fiera di Primiero–Feltre. Die steile Naturfahrstraße vom Passo Rolle zur Baita Segantini ist von 9–18 Uhr für Privatfahrzeuge gesperrt, daher nimmt man vom Rollepaß den Bus oder den Sessellift zum Startpunkt. **Mit dem Bus:** Der Passo Rolle liegt an der Buslinie Predazzo–San Martino di Castrozza–Fiera di Primiero (nur werktags). Im Hochsommer tägl. frühmorgens Busverbindung Fiera di Primier–San Martino di Castrozza–Rollepaß, von dort stündlich Pendelverkehr zur Baita Segantini

**Fahrzeiten:** Sessellift vom Passo Rolle zur Baita Segantini Ende Juni bis Sept. 8.30–12, 13.30–17.30 Uhr

Die heimelige Berghütte **Baita Segantini,** die nach dem Trentiner Alpenmaler Giovanni Segantini benannt ist, liegt inmitten ausgedehnter Almwiesen an einem winzigen See. In einer Reihe stehen hier die

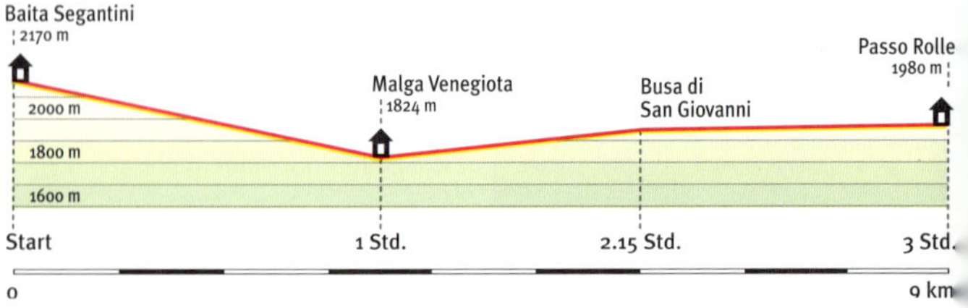

markanten Gipfel der nördlichen Pale-Dolomiten ganz nah vor uns. Der schönste ist zweifellos der spitze Felsturm des Cimon della Pala, der oft mit dem Schweizer Matterhorn verglichen wird. Eine Gedenktafel auf dem kleinen Hügel vor dem Haus erinnert an die Bergsteiger Whitwell, Lauener und Siorpaes, denen am 3. Juni 1870 die Erstbesteigung gelang. Auch Alfredo Palusellis, des Erbauers der Schutzhütte, wird hier gedacht. Leicht ist es nicht, sich von diesem grandiosen Bergpanorama loszureißen, das zu den eindrucksvollsten der Dolomiten gehört.

Die Tour, die uns in den nordöstlichen Teil des Naturparks Panevéggio-Pale di San Martino führt, beginnt mit einem strammen Abstieg. Von der Segantini-Hütte gehen wir, den Cimon della Pala im Rücken, nach rechts zum **Passo della Costazza** hinüber. Vom Paß können wir gut die schier endlosen Serpentinen der alten Kriegsstraße überblicken, die wir hinunter müssen. Etliche Kehren kann man auf holprigen Pfaden abkürzen. Die beiden Abzweigungen zum Rifugio Mulaz lassen wir rechts liegen und wandern auf dem später nur noch leicht abschüssigen Naturfahrweg, der lediglich von den Almbauern befahren werden darf, durch das liebliche Val Venegia. Das Tal ist ein Refugium alpiner Flora, in dem – wie fleißige Botaniker gezählt haben – allein 215 verschiedene Blumenarten und zahllose Flechten und Moose wachsen.

Allmählich kommen wir in den Wald, der aus Fichten und vereinzelten Zirben besteht. Abkürzungspfade sollte man jetzt nicht mehr nehmen, die meisten führen in die Irre. Auf dem Fahrweg erreichen wir dann die **Malga Venegiota** (1 Std.), die am Rand einer großen Almwiese steht. Wer richtig geplant hat, ist genau zur Mittagszeit hier. Mit der Aussicht auf den Monte Mulaz im Osten, den Castellaz im Westen und den grünen Berghang der Cima Bocche im Norden schmecken vor der Alm-

*Die Malga Venegiota in den Pale-Dolomiten*

hütte die einfachen Trentiner Gerichte nochmal so gut.

Auf dem Wirtschaftsweg vor der Hütte gehen wir nach links über die Wiese zum breiten Bachbett des Travignolo hinunter, den wir auf einer abenteuerlichen Brücke aus Baumstämmen überqueren. Halbrechts halten wir auf den nahen Waldrand zu (weiß-rote Markierungen).

Auf dem mäßig steilen Steig wandern wir schräg den bewaldeten Berghang hinauf. Wir queren mehrere Seitenbäche, die aber zumeist trocken sind. Nahezu ebene Strekken wechseln sich mit steileren Passagen ab. Wandern wir zunächst noch parallel zum Val Venegia, das tief eingeschnitten unter uns liegt, ändert der Steig später allmählich seine Richtung und führt nach Südwesten.

An der Einmündung des Weges, der von der Malga Venegia heraufkommt, gehen wir leicht links Richtung Malga Iuribello weiter. Noch eine kurze Steigung hinauf, dann stehen wir vor den sanft gewellten Almwiesen der **Busa di San Giovanni** (2.15 Std.). Dahinter zeichnen sich die Berge des Lagorai mit dem Colbricon als höchster Spitze ab. Wir können weit in das Val Travignolo schauen, das in der Ferne auf das Valle di Fiemme stößt.

Genüßlich bummeln wir am Fuß des Castellaz über die traumhaft schönen Wiesen. Nur die Hochspannungs- und Stromleitung, die wir unterqueren, stört das Idyll etwas. An einem Mast finden wir den Hinweis »Passo/Malga Rolle«, dem wir kurz bergauf folgen, dann halten wir uns links. Jetzt verliert sich der Pfad in den Wiesen, und wir orientieren uns an den hölzernen Strommasten. Bald nähern wir uns der Trasse und haben ab hier wieder einen deutlich erkennbaren Weg unter den Stiefeln, auf dem wir sanft abwärts zu einer Viehtränke gelangen (2.40 Std.).

Anschließend geht es genau zwischen der Strom- und der Hochspannungsleitung einen Wiesenhang hinauf. Wir queren einen Skilift und bleiben wenig später auch auf dem steinigen Karrenweg geradeaus, bis wir auf die Naturfahrstraße stoßen, die den Passo Rolle mit der Baita Segantini verbindet. Auf dem mäßig steilen Fahrweg spazieren wir hinunter zur **Talstation des Segantini-Sessellifts** (Parkplatz, Bushaltestelle), die sich knapp unterhalb des **Passo Rolle** an der Staatsstraße befindet (3 Std.).

# Ein steinzeitliches Jägerlager

**Von der Malga Rolle über die Seen von Colbricon nach San Martino di Castrozza**

An den kleinen Seen unterhalb des Colbricon, auf fast 2000 m Höhe, hatten vor rund 8000 Jahren Jäger der mittleren Steinzeit einen Lagerplatz, der vor wenigen Jahren bei archäologischen Grabungen entdeckt wurde.

## DIE WANDERUNG IN KÜRZE

+ Anspruch

2.45 Std. Gehzeit

500 m Abstieg

**Charakter:** Leichte Bergwanderung auf guten Bergsteigen und einer alten Kriegsstraße

**Wanderkarten:** Tabacco Blatt 022; Kompass Blatt 76

**Einkehrmöglichkeiten:** Malga Rolle, Rifugio Colbricon, Malga Ces (etwas abseits der Route), viele Gasthäuser in San Martino di Castrozza

**Anfahrt: Mit dem PKW:** Über den Passo Rolle verläuft die Staatsstraße Nr. 50 Predazzo–San Martino di Castrozza–Fiera di Primiero–Feltre, die Malga Rolle befindet sich knapp unterhalb des Passes; Rückkehr per Bus. **Mit dem Bus:** Start- und Endpunkt liegen an der Buslinie Predazzo–Passo Rolle–San Martino di Castrozza–Fiera di Primiero (nur werktags). Im Hochsommer tägl. frühmorgens Busverbindung Fiera di Primiero–San Martino di Castrozza–Rollepaß, von der Bushaltestelle zu Fuß in 10 Min. auf der Straße Richtung Panevéggio zur Malga Rolle.

Nur ein wenig westlich des Passo Rolle befindet sich an der Staatsstraße eine große Almwirtschaft, die **Malga Rolle.** Hier werden mittags und abends typische Gerichte der Trentiner Küche serviert. Ein paar Meter entfernt beginnt direkt an der **Bushaltestelle** (Parkplatz) unser Wanderweg, der die Nr. 348 trägt. Auf dem breiten Karrenweg gehen wir in Richtung Malga Ces/San Martino di Castrozza kurz hinunter zur nahen Talstation eines Skilifts, der zur Tognazza, dem östlichsten Gipfel der Lagorai-Kette, hinaufführt. Das Panorama wird vom dem dunklen Porphyrfelsen des Colbricon beherrscht, der sich rechts vor uns erhebt.

Knapp vor der Liftstation weist uns das Hinweisschild schräg nach rechts über den Bach. Moderat steigt der gut markierte Weg durch den Bergwald aus Fichten und Lärchen an. Wir meistern problemlos eine kurze Steilstufe aus Felsplatten, die die Gletscher der letzten Eiszeit glattgeschliffen haben. Allmählich lichtet sich der Hochwald und gibt den Blick auf den Colbricon wieder

frei. Kurz darauf nähern wir uns der grünen Mulde, in die die beiden **Laghi del Colbricon** eingebettet sind. Wir spazieren links am größeren See entlang, an dessen Ufer das **Rifugio Colbricon** steht (45 Min.). Bei klarem Wetter können wir hinter uns jenseits der tiefen Wälder von Panevéggio den Gletscher der Marmolèda erkennen. In die Flanke des Colbricon, der sich im See spiegelt, trieben 1917 italienische Soldaten einen Stollen und ließen darin eine Mine detonieren. Gewaltige Gesteinsmassen stürzten zu Tal und begruben zahlreiche österreichische Soldaten, die das Terrain besetzt hielten.

Vorbei an den spärlichen Mauerresten einer Unterkunft aus dem Krieg steigen wir am südlichen Ende des oberen Sees hinauf zu einem kleinen Plateau. Tief blicken wir in das Val Bonetta, in das wir hinunter müssen. Links sehen wir die majestätischen Gipfel der Pale-Dolomiten, rechts das Skigebiet an der Punta Ces, von der zwei mühsam begrünte Skipisten hinabführen. An der linken Talseite des Val Bonetta stapfen wir auf dem ordentlichen, aber steinigen 348er-Steig, der auf Karten auch mit der Nr. 14 bezeichnet ist, mäßig steil bergab und er-

*Weg zu den Colbricon-Seen*

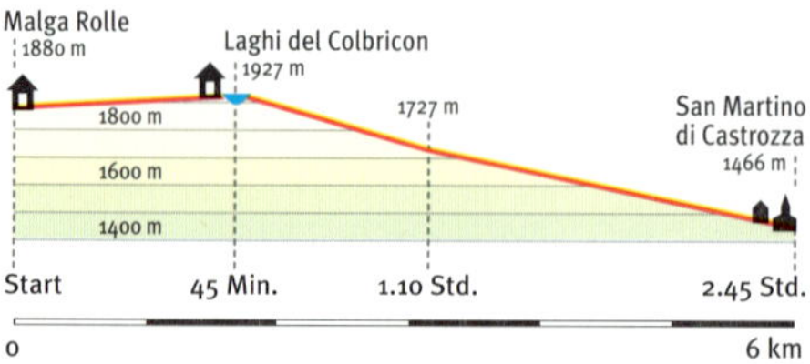

reichen rasch die Waldzone. **Achtung:** Im Bereich des Skigebiets sind die alten Wege stellenweise zerstört. Bei der Piste halten wir uns links auf dem breiten Weg durch den Wald und dann auf der steileren Abfahrtsstrecke rechts vom Schlepplift. Nach etwa 300 m schlagen wir halblinks einen breiteren Forstweg ein und wandern durch den Wald, der gnädig die Sünden des Skigebiets auf der anderen Talseite verdeckt, gemächlich bergab. (Wer in der Malga Ces einkehren möchte, die den Ruf eines Feinschmeckerrestaurants hat, folgt der Schleppliftrasse bergab.) An der alten Pflasterung, die teilweise noch gut erhalten ist, erkennt man, daß wir uns auf einer alten Kriegsstraße befinden, die zur Versorgung der nahen Front erbaut wurde.

Die Abzweigung zum Pian della Cavallazza beachten wir nicht. Schnell gelangen wir zu einer großen Lichtung (2 Std.), die noch einmal einen Prachtblick auf die Pala-Gruppe bereithält. Inmitten der senkrechten Wände und Grate oberhalb von San Martino di Castrozza können wir die winzigkleine Bergstation der Rosetta-Seilbahn erkennen. Wir richten uns nach dem Wegweiser *»Orti forestali«* und gehen scharf nach links (Nr. 13). Wenig später weist uns ein weiteres Richtungsschild (»San Martino«) nach rechts in den Wald.

Auf dem Weg, dessen alte Pflasterung leider nur noch in Bruchstücken die Zeiten überdauert hat, geht es bergab, bis wir auf eine kleine Teerstraße stoßen (2.25 Std.), der wir dann geradeaus leicht absteigend folgen. Anfangs verläuft ein schmaler Fußweg parallel zur wenig befahrenen Straße. In der Nähe des Campingplatzes erreichen wir die ersten Häuser von **San Martino di Castrozza.** Wir bleiben weiter auf der kleinen bevorrechtigten Straße und gelangen rasch ins Ortszentrum. In die Staatsstraße biegen wir links ein und finden vor der Kirche die Bushaltestelle (2.45 Std.).

## San Martino di Castrozza

Seit vielen Jahrhunderten führt eine uralte Handelsroute aus der venezianischen Ebene durch das Val Cismon nordwärts in die Alpen. In der weiten grünen Mulde vor der letzten Steilstufe zum Passo Rolle, dessen Überquerung in früheren Zeiten nicht ungefährlich war, errichteten Benediktinermönche um das Jahr 1000 inmitten der Bergeinsamkeit unter den Wänden der Pale-Dolomiten zum Schutz der Reisenden und Kaufleute das Kloster und Hospiz San Martino di Castrozza. Zu einer bäuerlichen Siedlung entwickelte sich San Martino allerdings nie, dafür war die Gegend zu unwirtlich. Ende des 15. Jh. wurde der kirchliche Besitz in ein weltliches Patronat umgewandelt, das die aus dem Pustertal stammenden Herren von Welsperg bis in das 19. Jh. innehatten.

Als Bergsteiger aus England und Deutschland vor gut 100 Jahren die Pale-Dolomiten als alpine Spielwiese entdeckten, begann für San Martino die Zeit als Fremdenverkehrsort. Innerhalb kürzester Zeit entstanden große Hotels mit internationalem Ruf. Im Ersten Weltkrieg wurde der Hotelort vollkommen zerstört. Nur allmählich kam der Tourismus wieder in Gang. Heute ist San Martino, das 600 ständige Einwohner zählt, wieder eines der wichtigen touristischen Zentren im Trentino. Ein Hotel reiht sich an das andere. Vom alten Kloster blieb nur der romanische Campanile neben der Pfarrkirche stehen.

# Das kalte Herz der Pala

**Von San Martino di Castrozza zum Valle dei Canali**
In der Felsenburg der Pala verteidigt der Winter bis weit ins Jahr hinein sein Terrain. Hat die Sonne endlich gewonnen, dörrt sie die karstige Hochfläche hinter den Gipfeln erbarmungslos aus. Dennoch ist die Pala »das herrlichste Amphitheater der Dolomiten«.

## DIE WANDERUNG IN KÜRZE

+++ Anspruch

5.30 Std. Gehzeit

1500 m Abstieg

**Charakter:** Anstrengende hochalpine Wanderung mit langem Abstieg. Schwindelfreiheit und Trittsicherheit notwendig. Bei Nebel und Schneefall ist die Orientierung schwierig.

**Wanderkarten:** Tabacco Blatt 022; Kompass Blatt 76

**Einkehrmöglichkeiten:** Col Verde, Bergstation der Rosetta-Seilbahn, Rifugio Pedrotti alla Rosetta, Rifugio Pradidali, zwei Restaurants am Cant del Gal

**Anfahrt: Mit dem PKW:** San Martino di Castrozza liegt an der Staatsstraße Nr. 50 Predazzo–Passo Rolle–Fiera di Primiero–Feltre. Die Liftstation befindet sich am nordöstlichen Ortsrand; Rückkehr vom Cant del Gal per Bus. **Mit dem Bus:** San Martino di Castrozza kann von Predazzo über den Passo Rolle (nur werktags), von Primolano im Val Sugana und von Feltre erreicht werden. Von Cant del Gal fährt täglich von Anfang Juli bis Mitte Sept. am späten Nachmittag ein Bus nach Fiera di Primiero und hat dort Anschluß nach San Martino.

**Fahrzeiten:** Sessellift zum Col Verde 8–17 Uhr, Seilbahn zur Rosetta 8.30–12.30, 13–16.45 Uhr alle halbe Std.; beide Ende Juni bis Ende Sept.; Auffahrt insgesamt etwa 30 Min.

Von **San Martino di Castrozza** zuckeln wir zunächst mit dem Sessellift in luftiger Fahrt hinauf zum **Col Verde** auf 1965 m und dann weiter mit der Seilbahn zur **Rosetta-Bergstation**. Die Gipfelschau von hier oben ist einfach überwältigend: Halblinks sehen wir das Felshorn des Cimon della Pala und im Süden den massiven, aber dennoch eleganten Steinklotz der Pala di San Martino. Am Horizont entfaltet sich ein unvergleichliches Panorama der Dolomiten, das so namhafte Berge wie die Civetta, den Cristallo und die Drei Zinnen umfaßt.

Wir wandern durch die felsige Senke zum nahen **Rifugio Pedrotti alla Rosetta** (15 Min.) und schlagen hier den Weg Nr. 709 Richtung Passo Pradidali Basso/Rifugio Pradidali ein (anfangs auch Nr. 707). Die zwei Wegstunden, die uns das Schild verspricht, sind allerdings nur bei flottem Marschtempo zu schaffen. Die weiß-roten Markierungen leiten uns in die karstige Ödnis des **Altipiano delle Pale di San Martino.** Die Farbe Grün ist auf dieser bizarren Hochfläche aus Felsen und Steinen die absolute Ausnahme. Berühmt-berüchtigt sind die dichten, kalten Nebel, die alle Konturen und auch den Steig verschwinden lassen. Nicht ohne Grund ist die Route, die mäßig steil eine Felsschulter erklimmt, auch mit kleinen Steinpyramiden markiert.

Nach der ersten Steilstufe geht es im leichten Auf und Ab über die wellige Karstfläche weiter. Assoziationen mit einer Mondlandschaft stellen sich ein. Bei einer Wegverzweigung halten wir uns leicht rechts (ab jetzt nur noch Nr. 709). Bald kommt vor uns der Fradusta-Gletscher in Sicht. Wir queren einen steilen Felshang und folgen den Markierungen schräg nach links zu einem steinigen Sattel hinauf (1.10 Std.). Im Abstieg gilt es, eine sehr steile und felsige, aber glücklicherweise nicht allzu lange Passage zu meistern. Rasch sind wir dann am **Passo Pradidali Basso** (1.30 Std.). *Basso* heißt zwar niedrig, aber mit 2658 m hat dieser Paßübergang doch eine beachtliche Höhe. Wir blicken hinauf zum Ghiaccio della Fradusta mit seinem zerklüfteten Eisfeld, dem kalten Herz der Pala.

Am Paß wenden wir uns zunächst leicht nach rechts. Unser 709er-Steig ist hier anfangs nur spärlich markiert. Mehrere Pfadspuren, die sich alle wieder vereinigen, führen steil in ein Geröllkar hinunter. Während des Abstiegs halten wir auf die linke Talflanke zu. Die fast ebene, steinige Mulde unter den gewaltigen gelblich-roten Steilabstürzen der Pala di San Martino queren wir schräg nach links. Am anderen Rand (1.50 Std.) schauen wir tief in das Val Pradidali hinunter und können auch schon die Schutzhütte erkennen. In dieser steingrauen Öde ist es kaum vorstellbar, daß der Name des Tales von *prati gialli* (= gelbe Wiesen) hergeleitet wird.

An der linken Talseite steigen wir über Fels und Geröll steil hinunter und wechseln dann auf die andere Flanke des Hochtals. Wie ein kleines

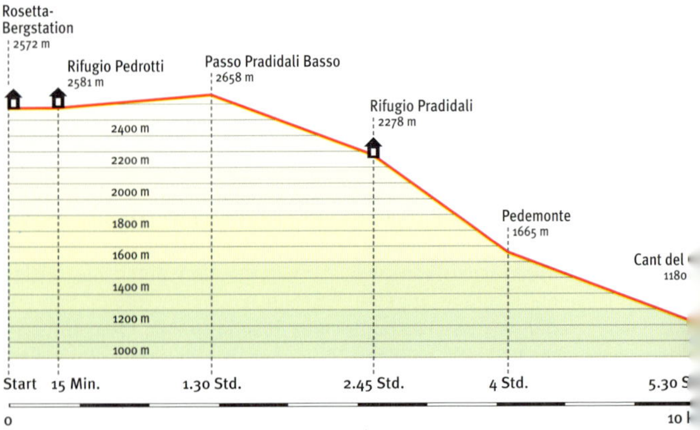

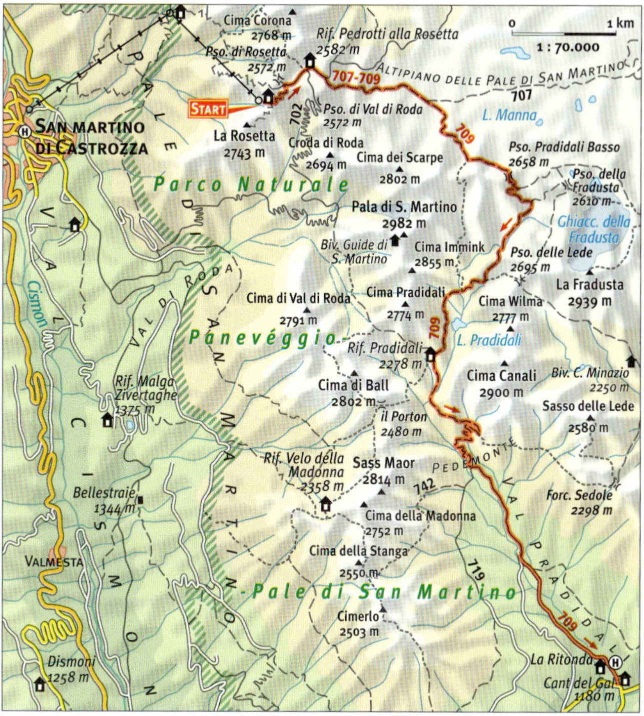


Juwel schimmert links unterhalb unseres Weges der **Lago Pradidali** in der karstigen Berglandschaft, in der sonst jeder Tropfen Wasser sofort im Untergrund versickert. Noch ein kurzer leichter Anstieg, und wir stehen am **Rifugio Pradidali** (2.45 Std.). Es waren Bergsteiger der Sektion Dresden des Deutsch-Österreichischen Alpenvereins, die vor gut 100 Jahren an dieser Stelle die erste Schutzhütte erbauen ließen. Heute gehört der schöne Steinbau der Sektion Treviso des Italienischen Alpenvereins CAI. Wie überdimensionale Orgelpfeifen streben die Pfeiler der Cima Canali und der anderen Pale-Gipfel über der Hütte in den Himmel.

Nach der Rast steht uns ein kräftiger Abstieg bevor. In schier endlosen Kehren zieht sich der Steig das Val Pradidali hinunter. Eine kurze Strecke ist etwas luftig und ausgesetzt, aber Stahlseile geben die nötige Sicherheit. Nach knapp eineinhalb Stunden erreichen wir beim **Pedemonte,** dem »Fuß der Berge«, den Wald (4 Std.). An der nahen Wegkreuzung mit den zwei Holzbänken bleiben wir auf dem schmalen Wanderweg Nr. 709 in Richtung Cant del Gal geradeaus und wandern durch den urwüchsigen Bergwald des **Val Pradidali** nun nur noch mäßig steil bergab. An der Kreuzung mit einem Naturfahrweg (4.45 Std.) ist unser Tagesziel nicht mehr allzu weit entfernt. Wir gehen zunächst geradeaus weiter, überqueren dann nach links auf der breiten Brücke den Pradida-

*Rifugio Pradidali unter der Cima Canali*

li-Bach und folgen anschließend dem Naturfahrweg nach **Cant del Gal** (5.30 Std.; Bushaltestelle). Der ungewöhnliche Name für diese Stelle, an dem das Val Pradidali in das Valle dei Canali mündet, stammt aus dem einheimischen Dialekt und bedeutet »Hahnenschrei«. Einst balzten hier die Auerhähne, inzwischen sind sie aber längst verschwunden. Heute trällern hier höchstens noch die Ausflügler, die in Scharen den schönen Platz mit den beiden Terrassenrestaurants besuchen.

## Naturpark Pale di San Martino

Die gesamte Wanderung verläuft durch den Trentiner **Naturpark Panevéggio–Pale di San Martino,** der neben der Pala-Gruppe auch den großen Staatsforst von Panevéggio (s. Tour 21) und die östlichen Lagorai-Berge (s. Tour 23) umfaßt. Im Deutschen spricht man zumeist von der Pala in der Einzahl, während im Italienischen die Pluralform *pale* benutzt wird. Die Gebirgsgruppe erstreckt sich nicht nur in der Provinz Trentino, sondern reicht auch weit in die benachbarte Provinz Belluno hinein. Auf einen grenzübergreifenden gemeinsamen Naturpark konnten sich die Verwaltungsbehörden leider nicht verständigen. So gehört der Trentiner Anteil zu einer streng reglementierten Zone eines »Vollnaturschutzgebietes«, während die sich anschließenden Belluneser Pale-Dolomiten unter keinem besonderen Schutz stehen. In der Villa Welsperg im Valle dei Canali sind die Direktion und ein Besucherzentrum des Naturparks untergebracht.

# Zur Wand der Wände

**Von Alleghe auf dem Civetta-Höhenweg nach Listolade**

Vom Flugzeug sieht das Riff der Civetta aus wie eine gigantische dreizinkige Forke. Engländer entdeckten das Bergmassiv im letzten Jahrhundert als Kletterparadies, und die Kletterführen im VI. Grad gehörten lange zu den anspruchsvollsten der Alpen.

## DIE WANDERUNG IN KÜRZE

**+++** Anspruch

**7.30 Std.** Gehzeit

**600 m** Anstieg

**1850 m** Abstieg

**Charakter:** Wegen der Länge eine anstrengende hochalpine Wanderung, jedoch ohne bergtechnische Schwierigkeiten. Die Tour kann auf zwei Tage aufgeteilt werden.

**Wanderkarten:** Tabacco Blatt 015 oder 025; Kompass Blatt 77

**Einkehrmöglichkeiten:** Piani di Pezzè, Col dei Baldi, Casera di Pioda (nur in der Hochsaison), Rifugio Sonino al Coldai, Rifugio Tissi (abseits der Route), Rifugio Vazzolèr, Capanna Trieste, Restaurant/Bar in Listolade

**Übernachtung:** Rifugio Tissi (30 Min. abseits der Route; 53 Plätze; 20. 6.–20. 9.); Rifugio Vazzolèr (54 Plätze; 15.6.–20.9.); Capanna Trieste (privat; 14 Betten; 1.6.–30.9.)

**Anfahrt: Mit dem PKW:** Alleghe liegt an der Staatsstraße Nr. 203 Caprile–Belluno-Stadt. Die Talstation der Kabinenumlaufbahn (Parkplatz) befindet sich am südlichen Ortsrand. Rückkehr per Bus. **Mit dem Bus:** Start- und Endpunkt der Tour befinden sich an der »Dolomitibus«-Strecke Belluno–Caprile, die täglich mehrfach bedient wird.

**Fahrzeiten:** Kabinenumlaufbahn und Sessellift von Alleghe zum Col dei Baldi Ende Juni bis Mitte Sept. 8.30–17.30 Uhr; Auffahrt etwa 30 Min.

Die Liftanlagen von **Alleghe** ersparen uns fast 1000 Höhenmeter strammen Anstiegs. Zunächst gondeln wir in den modernen Kabinen der Umlaufbahn hinauf zu den **Piani di Pezzè** auf 1452 m. Dort folgen wir der kleinen Teerstraße, die nach den Parkplätzen (Schranke) in eine Naturfahrstraße übergeht, einige 100 Schritte leicht bergab in eine Wiesenmulde, in der sich einst ein See befand. Nach rechts über die Holzbrücke erreichen wir die Talstation des Sessellifts, der uns hinauf zum **Col dei Baldi** befördert. Fast alle berühmten Dolomitengipfel stehen vor diesem Vorberg der Civetta Spalier. Von West nach Ost sehen wir Marmolèda, Langkofel- und Sellagruppe, Puez und Peitlerkofel, Fanes

*Auf der Forcella di Alleghe*

und Tofana, Croda da Lago, Cristallo, Drei Zinnen und Zwölferkofel. Besonders ins Auge fällt der kompakte Felsklotz des Monte Pelmo, der sich ganz nah jenseits des oberen Val di Zoldo erhebt.

Wir nehmen von der Bergstation den breiten Weg, der geradeaus Richtung Malga Pioda/Rifugio Coldai mäßig bergab in eine kleine Wiesensenke führt. Hier folgen wir leicht rechts dem Pfad, der wenig später in einen breiten Weg übergeht, sanft abwärts zum flachen Wiesensattel der **Forcella di Alleghe** und zur nahen **Casera di Pioda,** die auch Malga

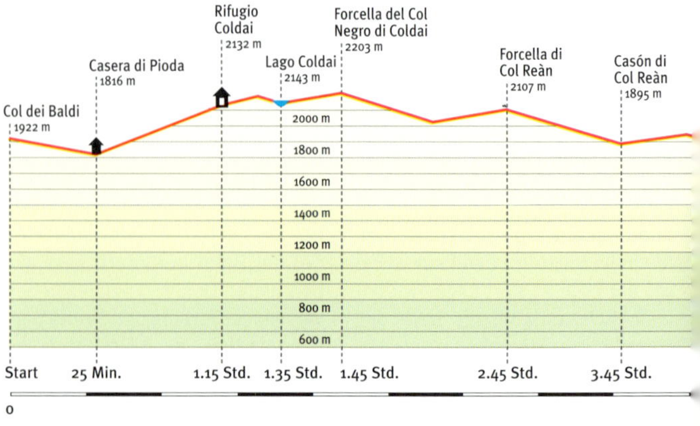

Pioda genannt wird (25 Min.). Direkt neben der Almhütte, die im Hochsommer ab und an bewirtschaftet wird, beginnt der sorgfältig angelegte Saumweg mit der Nr. 556. Anfangs ist dieser breite Weg, der in weiten Kehren (Abkürzungspfade!) mäßig steil aufwärtsführt, mit grob zugehauenen Steinen gepflastert. Wir sind jetzt auf einer Teilstrecke des Dolomiten-Höhenweges Nr. 1, der als Fernwanderweg in 12 bis 16 Tagesetappen vom Pragser Wildsee in Südtirol bis in die Stadt Belluno am südlichen Alpenrand führt. Je höher wir kommen, desto eindrucksvoller baut sich die mächtige Gestalt des Monte Pelmo auf. Später wird der Steig schmaler und auch steiler. Wir blicken tief in das Val di Zoldo hinab und können an der linken Talflanke inmitten der Wiesen das Dörfchen Coi und später auch die Orte am Talboden erkennen. Unterhalb der Materialseilbahn geht es im Schlußstück steil hinauf zum **Rifugio Adolfo Sonino al Coldai** (1.15 Std.). Die Schutzhütte der Sektion Venedig des italienischen Alpenvereins CAI wurde 1905 als erster Stützpunkt in der Civetta erbaut. Im Frühjahr 1944 ist das Gebäude, das den italienischen Partisanen als Unterschlupf diente, von der deutschen Wehrmacht vollkommen zerstört worden. Mit der finanziellen Hilfe der Eltern des Bergsteigers Adolfo Sonino, der am Torre Coldai tödlich verunglückte, wurde das Schutzhaus nach dem Krieg wieder errichtet.

Wir gehen rechts an der Schutzhütte vorbei und steil zur **Forcella Coldai** hinauf (1.30 Std.). Auf der anderen Seite der Scharte liegt uns plötzlich der flaschengrüne **Lago Coldai** zu Füßen, zu dem wir in 5 Min. durch schrofiges Gelände absteigen. Wie viele Bergseen in den Dolomiten ist auch dieses Gewässer eiszeitlichen Ursprungs. Wir folgen dem leicht ansteigenden Pfad am rechten Seeufer entlang. Wer den kurzen Abstecher nach rechts den Wiesenhang hinauf macht, kann vom Grat einen atemberaubenden Tiefblick auf das fast 1200 m tiefer liegende Alleghe und den Lago di Alleghe genießen.

Am Ende des Sees beginnt unser Steig (Nr. 560 und 1) kräftiger bergauf zu führen. Jetzt zieht uns die Felsenwelt der Civetta in ihren Bann.

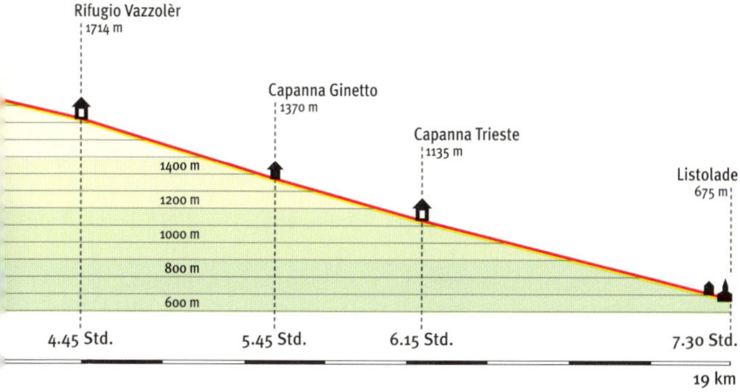

Wir befinden uns auf einer balkonähnlichen breiten Rampe, die parallel zum Hauptkamm nach Süden verläuft und in das Val Civetta übergeht. Nach einer kurzen Steilstufe halten wir geradeaus auf ein Geröllkar zu, an dem wir auf deutlich sichtbarem Steig mäßig steil entlangwandern. Es folgt ein kurzer, aber kräftiger Anstieg zur **Forcella del Col Negro di Coldai** (1.45 Std.). In voller Größe steht jetzt die berühmteste aller Dolomitenwände, die über 1000 m hohe Nordwestwand der Civetta, vor uns. Im Jahr 1925 wurde diese Wand der Wände von den deutschen Bergsteigern Emil Solleder und Gustav Lettenbauer erstmals erstiegen.

Verführerisch lockt ein Pfad, der von der Scharte waagerecht durch die Geröllfelder am Wandfuß der Civetta entlangführt. Leider ist er extrem steinschlaggefährdet! Daher wählen wir am Paß den weiterhin als Dolomiten-Höhenweg Nr. 1 markierten Steig nach halbrechts, der mit Blick auf den See von Alleghe ein Stück hinunter in eine grüne Mulde des **Val Civetta** führt. Der Höhenverlust ist dabei geringer, als er von oben erscheint. Wer achtsam und ruhig ist, hört hier nicht nur die schrillen Pfiffe der Murmeltiere, sondern kann die scheuen Tiere auch gut beobachten. Im Hochsommer weidet hier auf den grünen Flecken zwischen den Felsen oft eine Pferdeherde.

Die Abzweigung nach Alleghe beachten wir nicht, sondern steigen nach der Senke – mal steiler, mal etwas flacher – Richtung Rifugio Vazzolèr/Tissi wieder bergauf. Wir gelangen zu einer namenlosen Einsattelung (2.45 Std.; wer im Rifugio Tissi übernachten möchte, biegt hier rechts ab und erreicht auf dem ausgeschilderten Bergsteig in 30 Min. das Schutzhaus, das etwa 150 Höhenmeter oberhalb liegt). Wir bleiben geradeaus und wandern gemütlich zur nahen **Forcella di Col Reàn** hinauf. Geruhsam geht es anschließend über die steinige Hochalm sanft bergab, bis wir auf den Weg stoßen, der vom Rifugio Tissi herabkommt (3 Std.).

Wir wenden uns nach links und steigen in die schwach bewaldete Wiesenmulde ab. Den Weg Nr. 563 nach Masaré ignorieren wir und steigen leicht links nach einem Flachstück und der Latschenzone kräftig zur weiten, traumverlorenen Wiesenebene des **Pian de la Lora** ab. Von der großen Almhütte **Casón di Col Reàn** sind nur noch Ruinen übriggeblieben (3.45 Std.). Wir überqueren den Bach und halten auf den latschenbestandenen Einschnitt der **Sella di Pelsa** (auch Sella delle Forcellette genannt) zu.

Vom flachen Sattel führt ein ordentlicher Saumweg über die blumenreichen Matten des **Pian di Pelsa** sanft talwärts. Links erhebt sich als letzte Bastion des Südwestgrats der Civetta der kühne Felsturm Torre Venezia. Mit etwas Glück läßt sich eine Seilschaft an diesem berühmten Kletterberg beobachten. Die Südwand hat als erster der Belluneser Bergsteiger Attilio Tissi durchstiegen, nach dem die CAI-Hütte am Col Reàn benannt wurde. Vor uns erblicken wir die selten besuchte Moiazza-Gruppe.

Wir gehen kurz nach dem Beginn des Waldes durch ein hölzernes Drehkreuz, das die Kühe auf der Hochalm halten soll, und wandern auf dem mäßig steil abwärts führenden Steig durch den Wald um den Torre Venezia herum, bis wir auf einen breiten Schotterweg stoßen

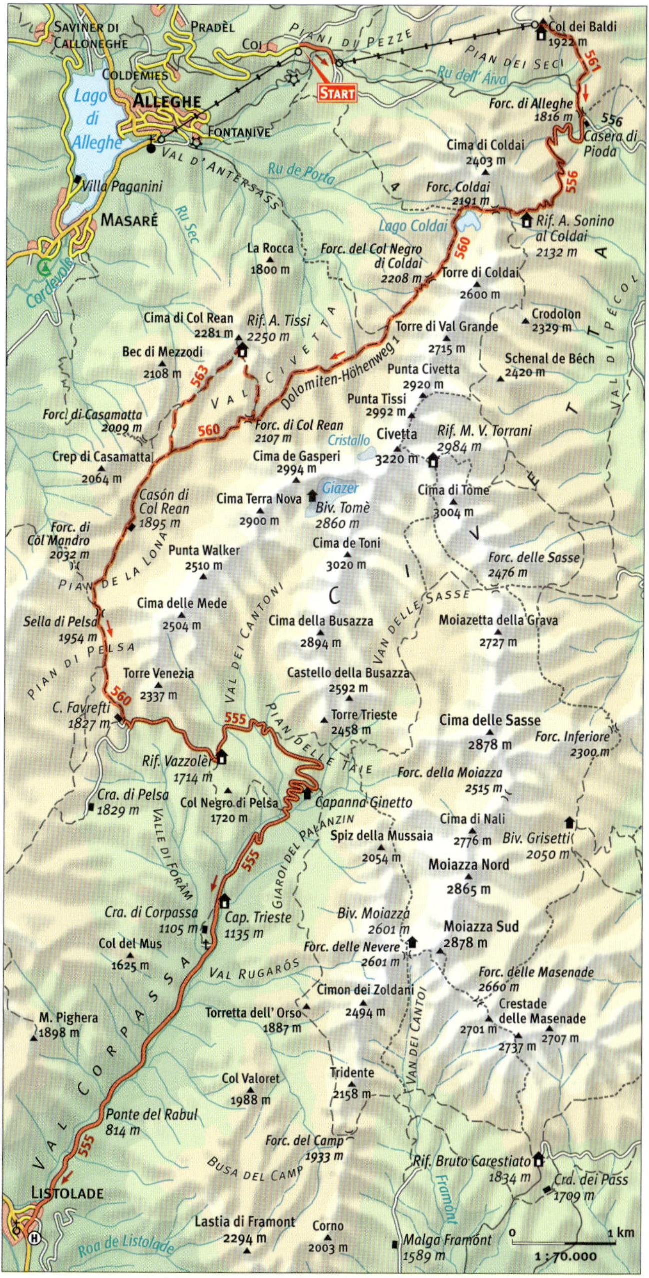
Saviner di Calloneghe
Pradèl
Coi
Piani di Pezze
Col dei Baldi 1922 m
Pian dei Seci
Ru dell' Àiva
Start
Coldemies
Lago di Alleghe
Alleghe
Fontanive
Forc. di Alleghe 1816 m
556
Casera di Pioda
Val d' Antersass
Ru de Porta
Cima di Coldai 2403 m
Forc. Coldai 2191 m
Villa Paganini
Masaré
Ru Sec
Lago Coldai
Rif. A. Sonino al Coldai 2132 m
La Rocca 1800 m
Forc. del Col Negro di Coldai 2208 m
560
Torre di Coldai 2600 m
Cordevole
Cima di Col Rean 2281 m
Rif. A. Tissi 2250 m
Torre di Val Grande 2715 m
Crodolon 2329 m
Bec di Mezzodi 2108 m
563
Val Civetta
Dolomiten-Höhenweg 1
Punta Civetta 2920 m
Schenal de Bèch 2420 m
Punta Tissi 2992 m
Val di Pècol
Forc. di Casamatta 2009 m
Forc. di Col Rean 2107 m
Cristallo
Civetta 3220 m
Rif. M. V. Torrani 2984 m
Crep di Casamatta 2064 m
Cima de Gasperi 2994 m
Giazer
Cima di Tome 3004 m
Casón di Col Rean 1895 m
Cima Terra Nova 2900 m
Biv. Tomè 2860 m
Forc. di Còl Mandro 2032 m
Punta Walker 2510 m
Cima de Toni 3020 m
Forc. delle Sasse 2476 m
Pian de la Lona
Civetta
Cima delle Mede 2504 m
Val dei Cantoni
Van delle Sasse
Sella di Pelsa 1954 m
Cima della Busazza 2894 m
Moiazetta della Grava 2727 m
Pian di Pelsa
Castello della Busazza 2592 m
Torre Venezia 2337 m
C. Favrefti 1827 m
Torre Trieste 2458 m
Cima delle Sasse 2878 m
Forc. Inferiore 2300 m
Pian delle Taie
Rif. Vazzolèr 1714 m
Forc. della Moiazza 2515 m
Cra. di Pelsa 1829 m
Col Negro di Pelsa 1720 m
Capanna Ginetto
Valle di Foràm
Giaroi del Palanzin
Cima di Nali 2776 m
Biv. Grisetti 2050 m
Spiz della Mussaia 2054 m
Moiazza Nord 2865 m
Cra. di Corpassa 1105 m
Cap. Trieste 1135 m
Biv. Moiazza 2601 m
Moiazza Sud 2878 m
Col del Mus 1625 m
Forc. delle Nevere 2601 m
Val Rugarós
Forc. delle Masenade 2660 m
Cimon dei Zoldani 2494 m
Crestade delle Masenade
M. Pighera 1898 m
Torretta dell' Orso 1887 m
2701 m
2737 m
2707 m
Van dei Cantoi
Val Corpassa
Tridente 2158 m
Col Valoret 1988 m
Ponte del Rabul 814 m
Forc. del Camp 1933 m
Rif. Bruto Carestiato 1834 m
Busa del Camp
Framont
Crd. dei Pass 1709 m
555
Listolade
Lastia di Framont 2294 m
Corno 2003 m
Malga Framont 1589 m
Roa de Listolade
0
1 km
1 : 70.000

(4.30 Std.). Die Gebäude rechts sind freilich noch nicht das Schutzhaus Vazzolèr, sondern die privaten Jagdhütten **Case Favretti.** In den abschüssigen Fahrweg biegen wir links ein und folgen ihm wenig später nochmals nach links. Wir queren einen Hang aus Schutt und Blockgestein, müssen ein letztes Mal kurz ansteigen und erreichen wenig später das schöne **Rifugio Vazzolèr,** das etwas versteckt im Fichtenwald steht (4.45 Std.). Die Hütte, die 1927/28 aus Natursteinen erbaut wurde, gehört dem CAI Conegliano und ist nach einem Bergsteiger dieser Sektion benannt. Im kleinen, liebevoll angelegten Alpengarten vor dem Haus kann man sich in der Bestimmung von Alpenblumen üben.

Auf dem breiten Karrenweg (Nr. 555) geht es weiter Richtung Listolade. (Der Angabe *»2 Ore«,* 2 Std., auf dem Richtungsschild ist allerdings nicht zu trauen.) Wir wandern mäßig steil bergab durch den Wald zu den **Pian delle Taie** unterhalb des Torre Trieste, der den südlichen Eckpfeiler des mittleren Grats der Civetta bildet. In zahlreichen Kehren schwingt sich der Weg dann durch das obere Val Corpassa hinab. In weiter Ferne können wir am Ende des Tales den Zielort Listolade erkennen. Dort, wo der Dolomiten-Höhenweg Nr. 1 als Bergsteig nach links abzweigt, bleiben wir weiter auf dem abschüssigen Fahrweg (5.30 Std.). In der Nachmittagssonne kann diese Strecke durch die Mussaia, wie der obere Talschluß genannt wird, furchtbar heiß sein. Wir kommen an der winzigen, stets offenen **Capanna Ginetto** vorbei, die bei einem Wetterumschwung willkommener, aber karger Unterschlupf ist (5.45 Std.), überqueren später auf einer schmalen Eisenbrücke den Talbach und gelangen endlich zur **Capanna Trieste,** die noch einmal eine Einkehrmöglichkeit bietet (6.15 Std.).

Ab hier ist die Straße geteert. Allerdings ist der Verkehr so spärlich, daß Versuche, mitgenommen zu werden, nur geringe Chancen auf Erfolg haben. Schier endlos schlängelt sich das Sträßchen durch das Val Corpassa. Erst nach der **Ponte di Rabul** ist das Ende abzusehen. Aufgeschichtete Steinmauern kündigen die ›Zivilisation‹ an. Kurz nach dem Eishockeyplatz tauchen die ersten Häuser der kleinen Ortschaft **Listolade** auf. Das Teersträßchen mündet in die Staatsstraße, an der sich, genau gegenüber dem Albergo M. Civetta, die Bushaltestelle befindet (7.30 Std.).

## Alleghe

Alleghe (Betonung auf dem A) ist mit seinen 25 Hotels und fast 2500 Gästebetten ein wichtiges Fremdenverkehrszentrum im Belluneser Cordévole-Tal. Viel Platz bleibt den Häusern am östlichen Ufer des Lago di Alleghe nicht. So ist die kleine Halbinsel dicht bebaut, und der schöne Ort zieht sich auch die sonnigen Hänge unterhalb der Civetta hinauf. Nur wenige der altertümlichen Kornspeicher, von denen sich der Name des Dorfes herleitet, haben die Zeiten überdauert. Der 2,5 km lange See, auf dem heute Ruderboote schaukeln, ist Resultat einer tragischen Katastrophe. Zweimal hintereinander, 1771 und 1772, löste sich ein gewaltiger Bergsturz am Monte Spiz und blockierte den Cordévole-Bach im Tal. Unter den Felsmassen und in den aufgestauten Fluten versanken sieben Dörfer und Weiler.

# Stadt aus Fels und Stein

**Hoch über dem Val di Zoldo an der Ostflanke der Civetta entlang**
Als die römischen Siedler erstmals die Felstürme und Steinzinnen des mächtigen Bergstocks erblickten, glaubten sie der Sage nach eine Stadt, eine *civitas,* zu erkennen, daher der Name Civetta. Doch das Wahrzeichen des Massivs ist eine Eule – auf italienisch *civetta.*

## DIE WANDERUNG IN KÜRZE

+++ Anspruch

6 Std. Gehzeit

550 m Anstieg

1000 m Abstieg

**Charakter:** Anspruchsvolle Bergwanderung auf guten, teilweise luftigen Wegen und Steigen. Die kleine Kletterpassage verlangt Trittsicherheit und Schwindelfreiheit.

**Wanderkarten:** Tabacco Blatt 015 oder 025; Kompass Blatt 77

**Einkehrmöglichkeiten:** Casera di Pioda (nur in der Hochsaison), Rifugio Sonino al Coldai, Rifugio Civetta, Restaurants in Pécol

**Anfahrt: Mit dem PKW:** Durch das Val di Zoldo verläuft die Staatsstraße 251 Longarone –Passo Staulanza–Selva di Cadore. Man parkt den Wagen in Pécol und nimmt den Bus. **Mit dem Bus:** Frühbus (nur werktags) von Forno di Zoldo über Pécol und Palafavèra, Bus am Vormittag (tägl.) von Belluno-Stadt nach Palafavèra; nachmittags mehrere Verbindungen von Pécol zurück nach Belluno-Stadt.

**Fahrzeiten:** Sessellift Ende Juni bis Ende Aug. 7–19 Uhr; Auffahrt ca. 10 Min.

Ruckzuck befördert uns der Sessellift von **Palafavèra** hinauf zum waldreichen Vorgebirge der Civetta. Im Winter ist hier ein beliebtes Skirevier. An der Bergstation des Lifts richten wir uns nach dem großen blauen Schild mit der Aufschrift Alleghe und spazieren halbrechts auf dem breiten Wiesenweg, der in der kalten Jahreszeit als Skipiste dient, hinunter zur **Forcella di Alleghe** und zur nahen Almhütte **Casera di Pioda** (20 Min., s. a. Tour 25).

Direkt daneben beginnt der sorgfältig angelegte Saumweg Nr. 556. Anfangs ist der Weg, der in weiten Kehren (Abkürzungspfade!) mäßig steil aufwärts führt, noch mit grob zugehauenen Steinen gepflastert. Später wird er schmaler und auch steiler. Wir blicken tief in das Val di Zoldo hinab und können an der linken Talflanke inmitten der Wiesen das Dörfchen Coi und später auch die Orte am Talboden erkennen. Unterhalb der Materialseilbahn geht es im Schlußstück steil hinauf zum **Rifugio Adolfo Sonino al Coldai** (1.15 Std.). An der Schutzhütte gehen wir rechts vorbei und steigen in Richtung Forcella Coldai den Hang hinauf, bis wir nach ca. 10 Min., noch ein gutes Stück unterhalb der Scharte, einen großen Betonquader erreichen, aus dem ein Leitungsrohr ragt. Hier zweigt nach links ein deutlich erkennbarer Bergpfad ab, dem wir zunächst ganz kurz bergab folgen, um dann mäßig steil anzusteigen.

Wenig später, an einem kleinen Felsabsatz, kommen die Hände zum ersten Mal zum Einsatz. Auf dem luftigen Bergsteig, der nun mit roten Punkten oder rot-weiß-roten Farbstrichen ausreichend markiert ist, geht es bergwärts weiter. Wir wandern gleichsam auf halber Höhe an der Ostflanke der Civetta entlang. Während rechts die Felstürme des Hauptkamms wie riesige Orgelpfeifen fast senkrecht gen Himmel streben, stürzen links die schroffen steinigen Hänge in die Tiefe. Über der Talfurche des Val di Zoldo thront die markante Felsburg des Monte Pelmo.

An einem flachen Sattel gabelt sich der Steig. Wir wählen den rechten, oberen Weg und halten uns an der nächsten Einmündung nochmals rechts. Eine Viertelstunde später erwartet uns die heikelste Passage der gesamten Wanderung. In einer felsigen Rinne klettern wir rund 30 Höhenmeter steil hinauf und queren anschließend den schrofigen Hang nach links. Die Strecke ist teilweise mit Stahlseilen abgesichert, man sollte aber vor allem gut auf die Farbmarkierungen achten.

Anschließend verläuft der Höhenweg wieder mäßig steil an der Flanke der Civetta entlang, bis wir am eher unscheinbaren Sattel der **Porta del Masarè** die höchste Stelle der Wanderung erreichen (2.30 Std.). Mit etwas Phantasie erkennt man in der Form des Schenàl de Béch, der links dem Hauptkamm der Civetta vorgelagert ist, den Rücken einer steinernen Gemse *(béch)*. Nahezu eben geht es weiter, bis nach 10 Min. rechts die *Via Ferrata degli Alleghesi* abzweigt. Wir bleiben jedoch auf dem Höhenweg, der nun Richtung Rifugio Vazzolèr bergabführt. Nach einem kurzen Gegenanstieg wandern wir unter den lotrechten Wänden der Punta Civetta und der Punta Tissi mäßig steil abwärts und queren den Felskessel der **Busa del Zuitón.** Fast das gesamte Val di Zoldo kann man überblicken. An der nächsten Weggabelung (3.30 Std.) verlassen wir den Höhenweg, der südwärts weiter zur benachbarten Gebirgsgruppe Moiazza führt. Wir folgen der Angabe »Crep« an einem Felsen, die uns nach halblinks schickt.

Durch Geröll und über magere Weiden führt unser Steig kräftig bergab zum **Col Grand** (4 Std.). In

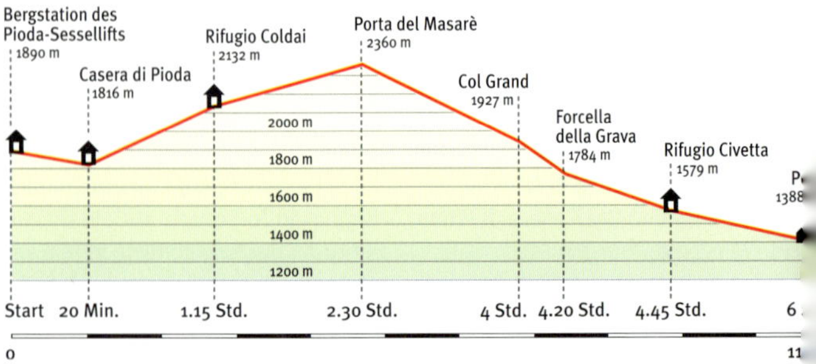

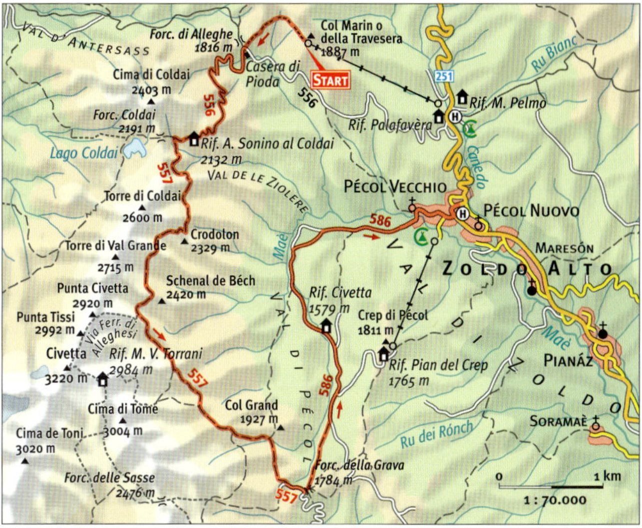


Richtung Casera de la Grava folgen wir dem Weg Nr. 557 halbrechts erst durch ein Geröllbett, dann durch Latschengehölz und schließlich durch Wald bergab zur Hütte der Materialseilbahn, die das Rifugio Torrani an der Civetta versorgt. Wir bleiben geradeaus und gehen auf dem breiten Forstweg zur **Forcella della Grava** hinab (4.20 Std.), an der wir links den Pfad mit der Nr. 586 einschlagen. Durch das verträumte Tälchen des oberen Val di Pécol, in dem zwischen unzähligen Alpenblumen ein Bach murmelt, bummeln wir hinab zu einer großen Lichtung. Hier halten wir uns links und spazieren auf dem breiten Fahrweg sanft bergab zum **Rifugio Civetta** (4.45 Std.).

Gut gestärkt geht es sodann auf dem Fahrweg durch das Val di Pécol an die Schlußetappe unserer Wanderung. An der Gabelung, die wir nach etwa 10 Min. erreichen, folgen wir dem Schottersträßchen nach halbrechts. Ein Trimmpfad kündigt später das Dorf **Pécol Vecchio** an. Obwohl *vecchio* »alt« bedeutet, stehen hier nur relativ neue Häuser: Ein Brand, der 1961 in einem der hölzernen Heustadel ausbrach, zerstörte fast das gesamte Dorf. In die Staatsstraße biegen wir links ein, gehen ein Stück bergauf und können dann in der *gelateria* an der Bushaltestelle in **Pécol** das berühmte Eis aus dem Val di Zoldo probieren (6 Std.).

# Zu den Spuren der Saurier

**Am Fuß des Monte Pelmo vom Passo Staulanza zum Val di Zoldo**
Der massive Klotz des Monte Pelmo beherrscht das obere Val di Zoldo. Neben dem 3168 m hohen Hauptgipfel hat der Pelmo einen kleinen Bruder, den Pelmetto, an dessen Fuß vor langer Zeit Saurier ihre Fußabdrücke hinterlassen haben.

## DIE WANDERUNG IN KÜRZE

++
Anspruch

5.30 Std.
Gehzeit

550 m
Anstieg

1000 m
Abstieg

**Charakter:** Einfache Bergwanderung auf ordentlichen Wegen; nur der direkte An- und Abstieg zu den Saurierspuren ist sehr steil und anstrengend

**Wanderkarten:** Tabacco Blatt 015 oder 025; Kompass Blatt 77

**Einkehrmöglichkeiten:** Rifugio Passo Staulanza, Rifugio Venezia, Hotel Caminatha in Coi, Restaurants in Maresón

**Anfahrt: Mit dem PKW:** Durch das Val di Zoldo verläuft die Staatsstraße 251 Longaron –Passo Staulanza–Selva di Cadore. Parkmöglichkeit in Maresón am *Pro Loco* (Verkehrsbüro), dann mit dem Bus zum Passo Staulanza. **Mit dem Bus:** Frühbus (nur werktags) von Forno di Zoldo über Maresón zum Passo Staulanza; Bus am Vormittag (tägl.) von Belluno-Stadt durch das Val di Zoldo zum Passo Staulanza; mehrere Verbindungen am Nachmittag von Maresón zurück nach Belluno-Stadt.

Die Straße über den **Passo Staulanza** wurde erst 1912 gebaut. Zuvor war der Paß militärisches Sperrgebiet, denn nur wenige Kilometer nordöstlich, im Val Fiorentina, verlief damals die Grenze zwischen Italien und Österreich. Schauen wir vom Paß zum Monte Crot, einem Vorberg der Civetta, können wir noch eine Kaverne aus jener Zeit, einen von

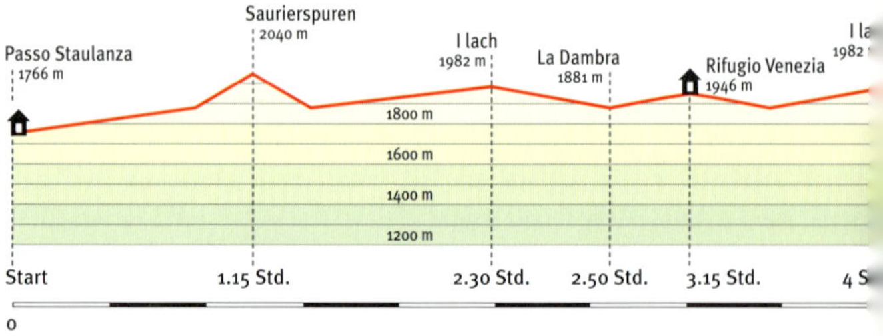

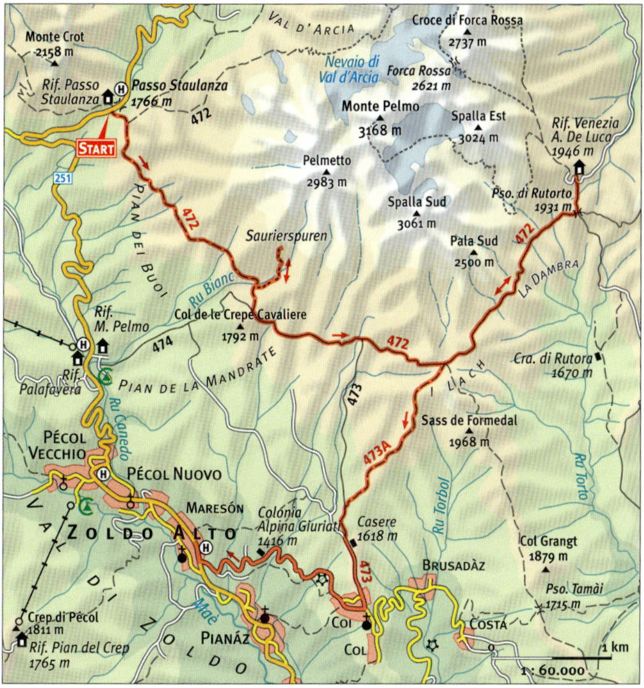


den Soldaten in den Fels geschlagenen Schutzbau, erkennen. Unsere Wanderung führt jedoch genau in die andere Richtung. Das große Schild *»Orme Dinosauri al Pelmetto«* weist uns den Weg.

Mit Blick auf den mächtigen Felsklotz des Monte Pelmo spazieren wir über die Wiese und folgen dann links dem Bergpfad mäßig steil hinauf. An der nahen Wegverzweigung geht es nach rechts auf dem Wanderweg 472 Richtung Rifugio Venezia durch den Wald weiter bergwärts. Nach einer kleinen Lichtung verflacht sich die Steigung (30 Min.). Zwischen den Bäumen zeigen sich ab und an die Gipfel der Civetta, der Moiazza- und der San Sebastiano-Gruppe. Auf dem nun fast ebenen Weg gelangen wir zum Bach **Ru Bianc**. Wie alle Geländebezeichnungen in dieser Gegend ist der Name ladinischen Ursprungs und weist auf die frühere rätoromanische Besiedlung des Val di Zoldo hin.

Wir richten uns nach der großen Hinweistafel zu den Saurierspuren und steigen leicht links den Hang hinauf. Der Bergsteig ist nicht markiert, aber kaum zu verfehlen. An-

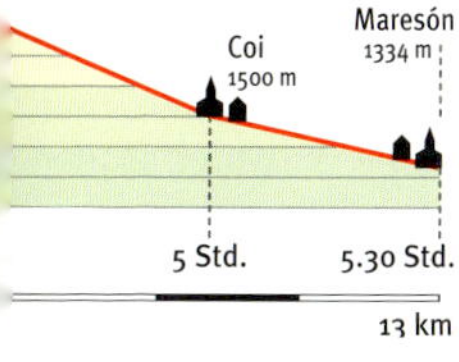

fangs orientieren wir uns am Bachbett, das links von uns bleibt. Später halten wir uns links und kraxeln immer steiler den steinigen Pfad empor, bis wir den riesigen, markanten **Felsblock** erreichen, in dem die **Dinosaurier** ihre Fußabdrücke hinterlassen haben (1.15 Std.). Manch einer wird vielleicht enttäuscht sein, denn die größten der Spuren haben nur den Umfang einer Bärentatze. Keine Enttäuschung ist bei schönem Wetter der Ausblick. Majestätisch erhebt sich jenseits des Val di Zoldo die Gipfelkette der Civetta, und in der Ferne grüßen die eisbedeckte Marmolèda und die Felsenburg der Sella.

Auf demselben Weg geht es wieder zurück. Der steile Bergpfad ist gerade im Abstieg nicht zu unterschätzen. Auf dem Wanderweg 472 geht es dann links weiter. Den Abzweig nach Palafavèra unten im Tal lassen wir rechts liegen und bummeln weiter am Fuß des Pelmo-Massivs entlang. Der Bergwald wird nun immer schütterer und gibt oft den Blick auf die San Sebastiano-Gruppe frei. Auch den Weg 473, der ebenfalls hinunter ins Val di Zoldo führt, be-

*Coi mit seinen tabià*

achten wir nicht, sondern wandern auf dem mäßig ansteigenden 472er Weg hinauf nach **I Lach** (2.30 Std.). Der breite Sattel lädt zum Rasten ein. In aller Ruhe können wir die Civetta bewundern. Früher gab es hier zwischen den Moränenhügeln ein paar kleine Seen, von denen nur einige feuchte Wiesen übriggeblieben sind.

Auf dem bequemen Höhenweg setzen wir die Wanderung fort und nähern uns immer mehr der steilen Südflanke des Monte Pelmo. Um einem alten Felssturz auszuweichen, müssen wir in den Talkessel von **La Dambra** hinunter. Der Name bezieht sich auf einen Felsen in der Südwand, der den Holzschuhen ähnelt, die man noch vor 50 Jahren im Val di Zoldo trug. Wild stürzt das Wasser über eine Felsstufe herab und sammelt sich zum Bach Ru Torto.

Anschließend müssen wir die verlorenen 70 Höhenmeter wieder hinauf. Wir überschreiten den **Passo di Rutorto** und steigen zum **Rifugio Venezia** hinauf, das auf einem kleinen Hügel vor der gewaltigen Ostwand des Monte Pelmo steht (3.15 Std.). Das gastliche Schutzhaus gehört – wie unschwer zu erraten ist – der Sektion Venedig des Italienischen Alpenvereins CAI. Es wird auch nach der Bergsteigerin Alba Maria de Luca benannt, die kurz nach dem Zweiten Weltkrieg mit nur 18 Jahren in den Bergen umkam. Von der Terrasse reicht der Blick weit über das Val del Bòte hinweg zur stolzen Felspyramide des Monte Antelao.

Über den **Passo di Rutorto** und die Senke **La Dambra** kehren wir zum Sattel von **I Lach** zurück (4 Std.). Zwei Wege führen hier ins Val di Zoldo. Wir halten uns schräg links und wählen den Weg 473a Richtung Coi, der anfangs ganz sanft bergauf die Wiese quert. Schnell erreichen wir den höchsten Punkt des kurzen Anstiegs. Hier steht eine Hinweistafel, die aber in die Irre weist. Wir folgen vielmehr dem gut erkennbaren Pfad leicht rechts bergab. Er ist nicht markiert, aber die Orientierung dürfte nicht schwerfallen. Wir steigen durch einen lichten, von Wiesen durchsetzten Zirbenwald ab. Schließlich mündet unser Pfad in den breiteren Weg Nr. 473, auf dem wir geradeaus weiter talwärts wandern.

An einem Heustadel mit Bank und Brunnen stoßen wir auf einen Fahrweg, dem wir leicht nach links steil bergab nach **Coi** folgen (5 Std.). Am runden Brunnen bleiben wir geradeaus und spazieren auf dem Teersträßchen auf den Kirchturm zu. Wir biegen in das bevorrechtigte Sträßchen rechts ein (kleines Schild »Le Mandrate - Pian dei Buoi«). Hier am Abzweig steht eine besonders ansehnliche *tabià* mit einer großen stilisierten Kuh. Die wenig befahrene Teerstraße windet sich sanft talwärts. Vorbei an einem Ferienheim der Alpini-Soldaten (keine Einkehrmöglichkeit) erreichen wir unten in **Marešón** die Staatsstraße 251, auf der wir geradeaus die wenigen Schritte zum Verkehrsbüro *(Pro Loco)* und zum Hotel Corona gehen, an dem sich die Bushaltestelle befindet (5.30 Std.).

## Die Saurierspuren

Als 1985 eher zufällig die *Orme di Dinosauri*, die Spuren der Saurier, am Fuß des Pelmetto entdeckt wurden, war dies eine wissenschaftliche Sensation, denn erst einmal zuvor waren in Italien ähnliche Fußabdrücke gefunden worden. Untersuchungen von Wissenschaftlern der Universität Padua ergaben, daß es sich um die Abdrücke von drei verschiedenen Tieren handelt, die zwischen 80 cm und 3 m groß waren. Im Erdzeitalter des Trias, vor kaum vorstellbaren 220 Millionen Jahren, stapften diese drei Dinos am Strand des tropischen Urmeeres Tethys entlang, das damals das Gebiet der heutigen Dolomiten bedeckte. Ihre Spuren wurden von Sedimentmaterial bedeckt, konserviert und schließlich versteinert.

## Die *tabià* im Val die Zoldo

Die ersten menschlichen Bewohner des Val di Zoldo errichteten ihre Behausungen nicht im Tal, sondern auf Höhenterrassen, deren Wiesen hoch an den sonnenbeschienenen Südhängen gute Weiden für ihre Tiere abgaben. Eine solche uralte Ansiedlung ist das winzige Dörfchen Coi, in dem heute kaum mehr als 60 Menschen leben. Die Häuser drängen sich eng auf einer Bergschulter zusammen, die vom Monte Pelmo herabzieht. Überall in Coi stehen noch die alten, schön verzierten *tabià*, die in anderen Dörfern längst abgerissen wurden (s. Abbildung S. 11). Diese Stallscheunen waren für die Milchwirtschaft in früherer Zeit sehr wichtig. Bis vor wenigen Jahrzehnten besaß jede Familie noch vier oder fünf Kühe, die neben Kartoffeln, Bohnen und Gerste ihren Lebensunterhalt sicherten. Als Winterfutter für die Tiere wurde das saftige Gras der Bergwiesen gemäht, in riesigen Bündeln ins Dorf geschafft und dann in den *tabià* getrocknet. Wegen der Brandgefahr sind die Scheunen stets ein Stück von den Wohnhäusern entfernt errichtet. Der untere Teil einer *tabià* besteht aus Steinmauern, auf die ein hölzernes Balkengerüst gesetzt ist, das gitterartig mit Holzlatten verkleidet ist. Die verschiedenen Formen und Ornamente der Gitter, die für eine gute Durchlüftung sorgen, verschaffen jeder *tabià* ein individuelles Aussehen. Heute gibt es nur noch sehr wenige Kühe in Coi, und die denkmalgeschützten Scheunen sind zu einer touristischen Attraktion geworden.

Auch unten in Marešón gibt es, abseits der Staatsstraße, noch einige der schönen hölzernen Gebäude.

# Fatima am See

## Von Sappada im Piave-Tal zu den Seen von Olbe

Die Hochalmen am Fuß des Monte Rinaldo am nordöstlichsten Rand der Dolomiten sind heute eine verwunschene Gegend. Im Ersten Weltkrieg schwer umkämpft, gehören die Weiden an den Laghi d'Olbe jetzt den friedlichen Murmeltieren.

### DIE WANDERUNG IN KÜRZE

+ Anspruch

4.15 Std. Gehzeit

900 m Abstieg

**Charakter:** Leichte Bergwanderung; nur der Abstieg an den Felsen von Oschtans erfordert Trittsicherheit

**Wanderkarte:** Tabacco Blatt 01

**Einkehrmöglichkeiten:** Rifugio 2000, Rifugio Monte Ferro (nicht immer geöffnet), Restaurants in Sappada

**Anfahrt:** Sappada liegt an der Staatsstraße Nr. 355 San Stefano di Cadore–Tolmezzo; sie ist über den Kreuzbergpaß sowie aus Cortina d'Ampezzo über die Staatsstraße Nr. 51/52 zu erreichen. Die Sesselliftstation zum Rifugio 2000 befindet sich im Ortsteil Sappada-Kratten (Parkplatz) oberhalb der Staatsstraße. **Mit dem Bus:** Sappada liegt an der Linie Tai–Pieve di Cadore–Cima Sappada des »Dolomitibus« (im Ortsteil Kratten aussteigen), der in Calalzo (Bahnhof) Anschluß an die Busse aus Cortina d'Ampezzo hat; der Pendelbus zwischen Sappada-Lerpa und Cima Sappada hält auch in Palù und Kratten.

**Fahrzeiten:** Sessellift zum Rifugio 2000 9–12.30, 14–16.40 Uhr; Anfang Juli bis Anfang Sept.; Auffahrt etwa 20 Min.

**Öffnungszeiten:** Museo Etnogràfico (Volkskundliches Museum) in Pill; 1.7.–30.9. Mo, Di, Do, Fr 16–19 Uhr

Von **Sappada-Kratten** schaukeln wir mit dem Sessellift in zwei Etappen zum **Rifugio 2000** (Duemila) hinauf **(Achtung:** Der Lift fährt weiter zum Rifugio Gosse hinab!) Das Schutzhaus steht auf dem Hobolt, einem eher unscheinbaren Bergrücken, der aber einen umfassenden Rundblick gewährt: Im Norden die Karnischen Alpen und im Süden die Pesariner Dolomiten mit dem Monte Siera und dem Monte Cimon. Ganz in der Nähe des Schutzhauses erinnert eine kleine Kapelle an die Bewohner aus Sappada, die im Zweiten Weltkrieg in Rußland getötet wurden.

Die Umgebung des Rifugio 2000 wird im Winter als Skirevier genutzt, so ist der Anfang der Tour denn auch eine Skipiste. Auf dem breiten Weg Nr. 140 gehen wir zunächst eine kurze Strecke in den Talkessel hinab. Die Landschaftsschäden, die der winterliche Betrieb verursacht, sind nicht zu übersehen. Nach wenigen hundert Schritten weisen uns die Markierungen nach halbrechts. Auf einer alten italienischen Kriegsstraße, die im Ersten Weltkrieg zur Versorgung der nahen Front angelegt wurde, wandern wir mäßig steil im breiten Hochtal bergan. Ein mit blauen Punkten markierter Pfad kürzt eine Serpentine des Fahrwegs ab.

Überwachsene Schützengräben künden davon, daß diese Gegend nicht immer so friedvoll war. Dort, wo von rechts der Steig vom Pian delle Bombarde auf unsere Route trifft, wechselt die Wegnummer von 140 auf 138. Wir halten uns Richtung Laghi d'Olbe und erreichen auf dem breiten, nun kräftig ansteigenden Militärweg die **Casera d'Olbe** (1 Std.). Der große, U-förmige Gebäudekomplex überrascht in dieser Abgeschiedenheit. Unter den Dächern, die jetzt langsam verfallen, muhten einst die Kühe und meckerten die Ziegen. Weil unrentabel, wurde der Almbetrieb vor einigen Jahren aufgegeben. Heute haben die Murmeltiere von dem Terrain Besitz ergriffen.

Wir folgen weiter der Kriegsstraße und gelangen zu einer Weggabelung. Hier schlagen wir leicht links den Pfad Nr. 141 ein und gehen die wenigen Meter zur **Chiesetta Madonna di Fatima** hinauf (1.10 Std.). Es ist ein Platz von seltener Schönheit. Die Kapelle, die etwas erhöht über dem größten der **Laghi d'Olbe** steht, haben ehemalige Widerstandskämpfer aus Sappada erbaut, die während des Nationalsozialismus in das Konzentrationslager Dachau deportiert worden waren. Aber auch an den Ersten Weltkrieg wird man hier oben erinnert. Über dem See erhebt sich im Norden der Gebirgszug des Monte Rinaldo, über den die italienische Frontlinie verlief. Unten am Seeufer sind noch einige Reste von Kriegsbauten zu sehen: Kavernen, eine Treppe und ein paar verfallene Mauern.

Wir gehen von der Kapelle zum See hinunter und folgen dem Bergpfad Nr. 141 nach links Richtung Monte Ferro. In leichtem Auf und Ab wandern wir über die wunderschöne Hochalm **Piani di Untertrerz.** Überall sind die Wächter der Murmeltiere postiert, die ihre Artgenossen mit schrillen Pfiffen warnen. Wer leise ist, kann sich den scheuen Tieren bis

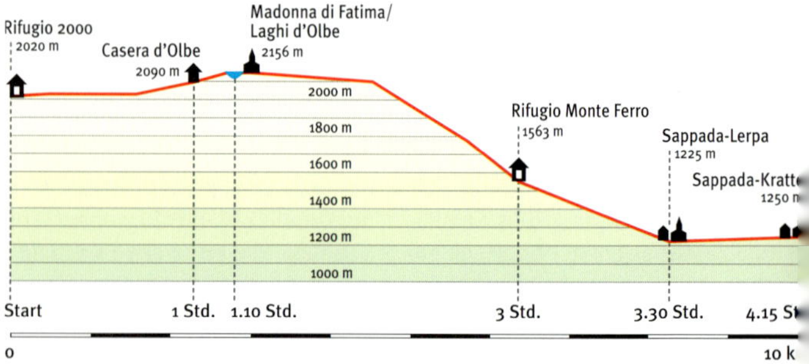

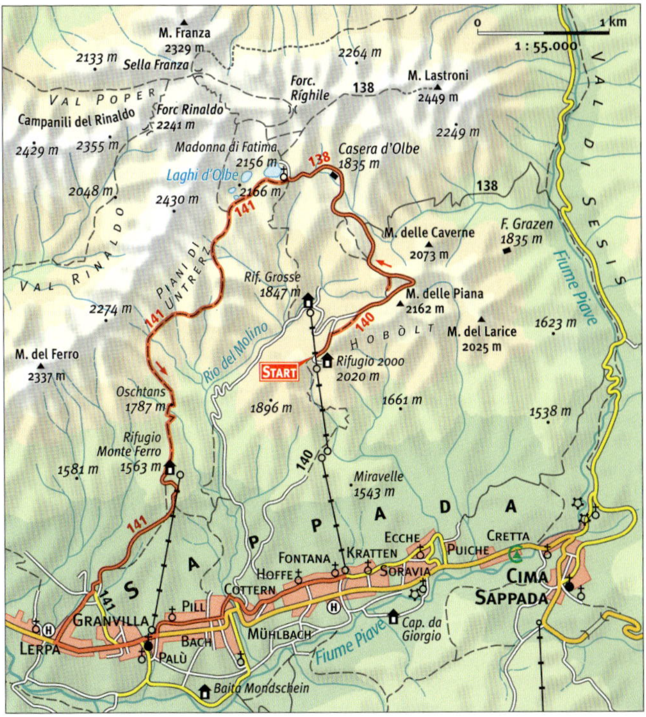


auf wenige Meter nähern. Nach einiger Zeit beginnt unser Weg allmählich zu fallen. Wir queren einen Wiesen- und Schutthang (1.45 Std.) und haben von dort einen tiefen Blick auf Sappada. An der Weggabelung nehmen wir den unteren Pfad – der obere ist wenig später durch einen Bergrutsch zerstört – und passieren einen zweiten Schutthang. Bald führt der Steig durch den lichten Bergwald sehr steil in Serpentinen bergab. Vorsicht: In der Nähe der Felsen von **Oschtans** kann er bei Nässe glitschig sein! Nach der oberen Station eines Schlepplifts folgen wir dem markierten Pfad (nicht der Skipiste!) und halten uns an der nächsten Gabelung halbrechts. Links in den Fahrweg einbiegend, erreichen wir dann rasch das **Rifugio Monte Ferro** (3 Std.). Nur wenige Schritte unterhalb befindet sich die Bergstation des **Monte-Ferro-Sessellifts**, der uns in wenigen Minuten hinab nach Sappada-Palù befördern würde.

Wer aber noch Lust und Kondition hat, geht zu Fuß auf dem breiten Weg weiter talwärts Richtung Sappada-Lerpa (Nr. 141). Der breite Karrenweg ist ein gutes Beispiel dafür, wie sehr sich die wirtschaftlichen Grundlagen in Sappada verändert haben. Die vielen alten Heuhütten, an denen wir vorbeikommen, zeugen von der einstigen Bedeutung der Almwirtschaft für das Tal. Heute aber ist es der Wintersport, der das Geld nach Sappada bringt. So dient denn auch unser Weg im Winter als Skipiste.

Bei den ersten Häusern von **Sappada-Lerpa** mündet der Weg in ein Teersträßchen (3.30 Std.), auf dem wir geradeaus weitergehen. Wir überqueren die Brücke und folgen der schmalen Asphaltstraße hinab zur Staatsstraße. Nach rechts wären es nur wenige Schritte zur Haltestelle des Ortsbusses, der zum Ausgangsort der Tour in Sappada-Kratten fahrt. Viel schöner ist jedoch der abschließende Spaziergang durch die anheimelnden *borgate*, die kleinen Weiler, aus denen sich die langgezogene Gemeinde Sappada zusammensetzt.

Wir biegen also in die Staatsstraße links ein. Vorerst ist allerdings von der alten bäuerlichen Architektur noch nichts zu sehen. Zweckbauten im Stil der 50er Jahre bestimmen das Bild. An der **Talstation** des Sessellifts zum Monte Ferro vorbei können wir die vielbefahrene Hauptstraße verlassen. Am Albergo Venezia nehmen wir die kleine

Straße nach links, die kurz ansteigt. Wir machen die Rechtskurve des Sträßchens mit und bummeln dann durch den Dorfteil **Pill.** Nur wenige Meter abseits der Staatsstraße, an der sich Hotel an Hotel reiht, sind hier oben viele der alten Blockhäuser aus dem 17. und 18. Jh. erhalten. Am Haus »Pliembl« halten wir uns leicht links. Kurz nach dem **Museo Etnogràfico,** dem sehenswerten Heimatmuseum, überqueren wir auf der Fußgängerbrücke den **Rio del Mulino,** den Mühlbach (4 Std.).

Am Gerätehaus der *Vigili del Fuoco,* der Feuerwehr, vorbei folgen wir der kleinen Teerstraße kurz bergauf und schlendern dann durch die beschaulichen Ortsteile **Cottern, Hoffe** und **Fontana.** Überall können wir die schönen blumengeschmückten Holzhäuser von **Sappada Vecchia,** dem alten Plodn, bewundern. Das Sträßchen führt direkt zur Talstation des **Sessellifts** zum Rifugio 2000. Die Bushaltestelle ist unten an der Staatsstraße (4.15 Std.).

## Sappada

Ganz sicher sind sich die Historiker nicht, woher die früheren Bewohner von Sappada stammen. Wahrscheinlich waren es Bauern aus Osttirol und Kärnten, die im 12. und 13. Jh. vor harter Fronarbeit flüchteten und hier am Oberlauf der Piave das Dorf Plodn gründeten, das die Österreicher Bladen nennen. Aber auch im rauhen Klima im Schatten der Karnischen Alpen, die das Tal im Norden begrenzen, mußten die Menschen ein entbehrungsreiches Leben führen. Erst der Erzabbau am Monte Ferro, dem Eisenberg, brachte etwas Wohlstand in das Tal. Im Ersten Weltkrieg lag das Dorf im unmittelbaren Frontgebiet und wurde evakuiert. Die Plodner mußten in die Toskana umsiedeln und konnten erst 1919 in ihre geplünderten Häuser zurückkehren. Heute zählt Sappada, in dem rund 70 % der 1500 Einwohner noch den alten deutschen Dialekt ihrer ursprünglichen Heimat sprechen, zu den beliebtesten Wintersportzentren im Belluno.

*Blick hinab zum Bosco Alto mit dem Rifugio Gosse*

Tour 29

# Spielzeug-Dolomiten

## Vom Passo di Falzarego zu den Cinque Torri

Als habe die Hand eines Riesen Bauklötze verstreut, liegen die Cinque Torri auf den Almwiesen. Trotz ihrer geringen Höhe wirken die Fünf Türme wie ›richtige‹ Dolomitengipfel. Jöchelbummler können hier waghalsige Kletterer so nah wie sonst nie beobachten.

### DIE WANDERUNG IN KÜRZE

++ Anspruch

3.30 Std. Gehzeit

700 m Abstieg

**Charakter:** Einfache Hochgebirgswanderung, die aber an einigen Stellen Trittsicherheit erfordert; der An- und Abstieg darf wegen seiner Länge nicht unterschätzt werden

**Wanderkarten:** Tabacco Blatt 03; Kompass Blatt 55

**Einkehrmöglichkeiten:** Rifugio Averau, Rifugio Scoiattoli, Rifugio Cinque Torri

**Anfahrt:** **Mit dem PKW:** Ausgangs- und Endpunkt der Tour liegen an der Staatsstraße Nr. 48 Auer–Cortina d'Ampezzo; der Passo di Falzarego kann auch direkt aus dem Gadertal über St. Kassian und den Passo di Valparola erreicht werden; Rückkehr zum Ausgangspunkt per Bus. **Mit dem Bus:** Start- und Endpunkt liegen an der Busstrecke Cortina d'Ampezzo–Passo di Falzarego (mehrmals tägl.); frühmorgens Bus vom Grödner Tal über Corvara zum Passo di Falzarego, am späten Nachmittag mit Anschluß an den Bus aus Cortina über Cianzopè zurück.

**Fahrzeiten:** Cinque-Torri-Sessellift zur Falzarego-Paßstraße Anfang Juli bis Mitte Sept. 9–17 Uhr

Seit vielen Jahrhunderten ist der **Passo di Falzarego** ein vielbegangener Übergang vom Etschtal in das Einzugsgebiet der Piave im Osten der Dolomiten. Über den Paß verläuft seit 1909 die kühn trassierte

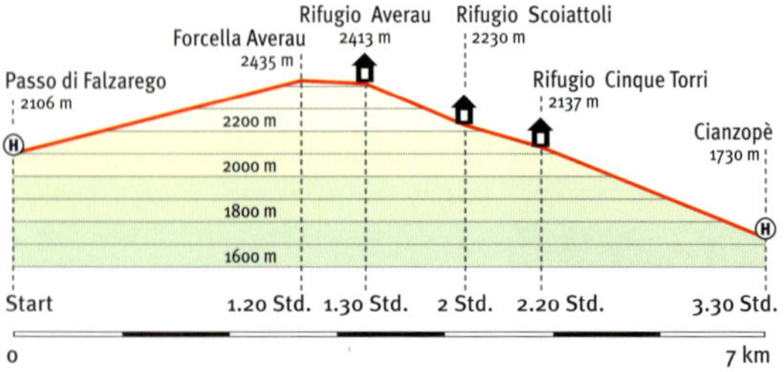

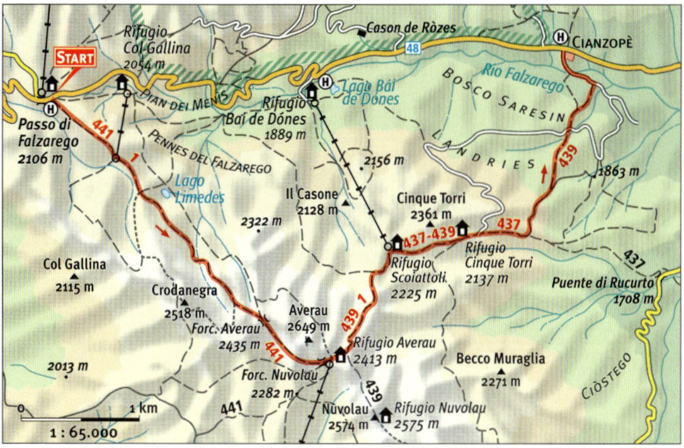


Große Dolomitenstraße von Bozen nach Cortina d'Ampezzo.

In der kleinen Ansiedlung am Sattel wenden wir uns nach Süden und folgen dem Bergpfad Nr. 441 Richtung Rifugio Averau/Nuvolau mäßig steil bergauf. Wir sind auf einem Teilstück des Dolomiten-Höhenweges Nr. 1, der in zwölf Tagesetappen vom Pragser Wildsee nach Belluno-Stadt führt. Zunächst wandern wir durch ein Skigebiet, dessen Erosionsschäden am Wiesenhang nicht zu übersehen sind.

In der Nähe der **Skilift-Bergstation** (15 Min.) folgen wir unserem gut markierten Weg nach halbrechts über eine feuchte Wiese und gewinnen anschließend stetig an Höhe. Vor uns erhebt sich der mächtige Klotz des Averau, und im Rückblick können wir die gesamte Kette der Tofane überblicken. Allmählich wird die Landschaft felsiger, und von rechts rückt der dunkle Bergzug der Croda Negra näher heran.

Nach der Überquerung eines Bachlaufs wird der Pfad steiler und zieht sich durch eine gut begehbare Felsenschlucht zu einer Grasmulde empor. Wir halten uns halblinks und steigen durch eine steinige Scharte auf, eine kurze Kletterpassage, die sich aber auf einem Steig nach rechts auch leicht umgehen läßt. Anschließend zieht sich unser Bergpfad moderat zur **Forcella Averau** hinauf (1.20 Std.). Vom breiten Sattel schauen wir tief zur Straße am Passo Giau hinunter. Links strebt die steile Westwand des Averau in den Himmel, vor uns sehen wir auf dem Gipfel des Nuvolau die kühn erbaute gleichnamige Schutzhütte. Am Horizont stehen die Civetta und der Monte Pelmo Spalier.

Der Weiterweg führt am Felsenfuß des Averau entlang. Nach wenigen Schritten kommt rechts der Firngletscher der Marmolèda in Sicht. In leichtem Auf und Ab wandern wir am steilen Geröllhang entlang und erreichen rasch das **Rifugio Averau** auf der **Forcella Nuvolau** (1.30 Std.). Auf der Hüttenterrasse können wir in aller Ruhe den Ausblick auf die nahen Gipfel von Averau und Nuvolau sowie die Fernsicht auf die Marmolèda, die Pala-Gruppe und den Monte Pelmo genießen. Viele Wanderer steigen von der Hütte zum Nuvolau hinauf. Obwohl die Besteigung tech-

*Monte Averau*

nisch nicht allzu schwierig ist, sollte man über die entsprechende alpinistische Erfahrung verfügen.

Vom Rifugio Averau stiefeln wir auf dem breiten Weg Nr. 439 talwärts. Die Gipfel der Tofane direkt vor uns, können wir nach rechts bis nach Cortina d'Ampezzo schauen und erkennen am Horizont den Monte Cristallo und sogar die Spitzen und Grate der Sextener Dolomiten. Während des Abstiegs halten wir auf die – im Vergleich zu den anderen Dolomitengipfeln – winzigen Cinque Torri zu. Kurz vor dem **Rifugio Scoiattoli** (2 Std.) folgen wir dem Bergpfad nach rechts zum nahen Fahrweg hinab. Vom Schutzhaus, das nach dem berühmten Bergsteigerclub *Scoiattoli* aus Cortina, den »Eichhörnchen«, benannt ist und das wenige Schritte unterhalb des Weges steht, führt ein Sessellift zur Falzarego-Paßstraße (Bushaltestelle) hinunter.

Wir wandern auf der Naturfahrstraße geradeaus weiter und kommen an einer Felsengrotte mit einer Marienstatue vorbei, die man aber nur bemerkt, wenn man sich umdreht. Markanter ist der Blick hinauf zu den Cinque Torri, unter denen der Fahrweg verläuft. Die Bänke des **Rifugio Cinque Torri** (2.20 Std.) sind ein guter Platz, um die Kletterer zu beobachten. An den verschieden hohen Dolomitentürmen ist fast immer eine Seilschaft unterwegs.

Ab der Schutzhütte ist die Fahrstraße asphaltiert. Wir gehen etwa 200 m bergab, und schlagen dann halbrechts den Karrenweg Richtung Cianzope ein. Der Weg (Nr. 439 und 437) führt durch den lichten Bergwald aus Zirben und Lärchen moderat bergab. Vor uns sehen wir die schroffen Felszähne der Croda da Lago und jenseits des Taleinschnitts des Flusses Boite die dunkle Punta Nera und den kompakten Gebirgsstock des Sorapiss. Am **Casón de Claudio** folgen wir dem 439er-Steig Richtung Cianzopè nach halblinks.

Wir kommen rasch zum Rand eines Einschnitt-Tals, an dem der Bergpfad durch die Kräfte der Erosion immer wieder zerstört wird. Die aufgeschichteten Steinmanndln sollte man nicht beachten, sondern dem gut erkennbaren 439-Pfad leicht nach links folgen. Wir kreuzen einen breiteren Weg, und auch unser Pfad verbreitert sich allmählich und wird zum Karrenweg.

Wir stoßen auf das Teersträßchen, das vom Rifugio Cinque Torri herunterkommt (3 Std.), und folgen dem parallell laufenden Fahrweg bergab. Nach 200 m kreuzen wir die Asphaltstraße und folgen dem markierten Pfad, der wenig später zum steinigen Ziehweg wird. Bald können wir unter uns die Falzarego-Paßstraße hören, aber im dichten Wald von Saresin noch nicht sehen. Wir erreichen erneut das Teersträßchen und biegen diesmal links ein. Kurz darauf überqueren wir den Rio Falzarego und haben gleich darauf die Wiesen von **Cianzopè** erreicht (3.30 Std.). Hier an der Falzarego-Paßstraße befindet sich auch die Bushaltestelle. Die Erfahrung zeigt, daß nicht alle Autofahrer an den auf den Bus wartenden Wanderern vorbeibrausen.

Tour 30

# Ampezzaner Amphitheater

**Unterhalb der Tofana di Rozes vom Falzaregopaß nach Cianzopè**
Die Juwelen in der Bergkette, die Cortina d'Ampezzo wie ein Amphitheater umschließt, sind die drei majestätischen Gipfel der Tofane. Die fast senkrechte, 800 m hohe Südwand der Tofana di Rozes zählt zu den anspruchsvollsten Kletterrevieren der Dolomiten.

## DIE WANDERUNG IN KÜRZE

++ Anspruch

4 Std. Gehzeit

450 m Anstieg

850 m Abstieg

**Charakter:** Mittelschwere Hochgebirgswanderung, deren Mittelteil Schwindelfreiheit und Trittsicherheit erfordert

**Wanderkarten:** Tabacco Blatt 03; Kompass Blatt 55

**Einkehrmöglichkeiten:** Rifugio Angelo Dibona

**Anfahrt: Mit dem PKW:** Ausgangs- und Endpunkt der Tour liegen an der Staatsstraße Nr. 48 Auer–Cortina d'Ampezzo; der Passo di Falzarego kann auch vom Gadertal über St. Kassian und den Passo di Valparola erreicht werden; Rückkehr zum Ausgangspunkt per Bus. **Mit dem Bus:** Start- und Endpunkt liegen an der Busstrecke Cortina d'Ampezzo–Passo di Falzarego, die mehrmals am Tag bedient wird; am frühen Morgen zusätzlich ein Bus vom Grödner Tal über Corvara und St. Kassian zum Passo di Falzarego, der am späten Nachmittag mit Anschluß an den Bus aus Cortina über Cianzopè zurückfährt.

**Fahrzeiten:** Seilbahn zum Rifugio Lagazuoi Anfang Juli bis Ende Sept. 9–17 Uhr

Der **Passo di Falzarego,** dessen Name auf den habgierigen, ›falschen‹ König – *falso rego* – des sagenhaften Fanesreiches zurückzuführen ist, wird im Norden vom Gipfel des Lagazuoi Piccolo beherrscht. Im Ersten Weltkrieg wurde dieser Berg mehrfach sowohl von den italienischen

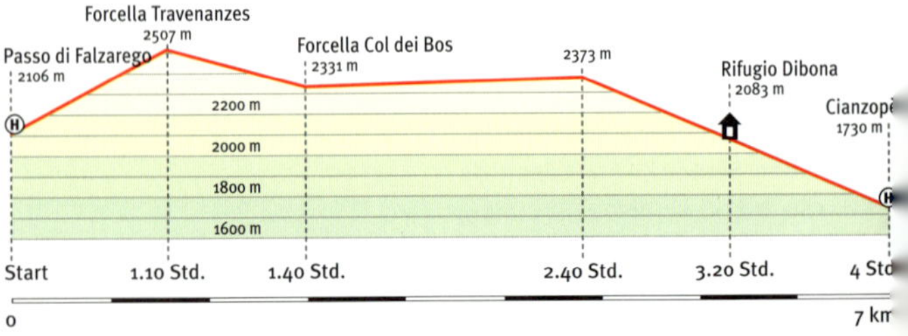

als auch von den österreichischen Soldaten mit Stollen unterhöhlt, in denen dann riesige Sprengladungen gezündet wurden, die große Teile des Gipfels zertrümmerten. Heute führt eine Seilbahn hinauf zum Rifugio Lagazuoi.

Doch wir machen uns zu Fuß auf den Weg. Genau an der **Talstation** beginnt der breite Wanderweg Nr. 402, auf dem wir mäßig steil emporwandern. Nach gut 10 Min. verlassen wir den Weg und nehmen den schmaleren markierten Bergpfad. Durch den Latschengürtel geht es nun kräftig bergan. Den links abzweigenden Pfad zur Galleria del Lagazuoi, einen Klettersteig durch einen Stollen aus dem Ersten Weltkrieg hinauf zum Gipfel des Lagazuoi Piccolo, beachten wir nicht, sondern bleiben auf dem Weg parallel zur Skipiste. Die Landschaft wird immer alpiner, und der Pfad gewinnt im steinigen Steiltal rasch an Höhe. An der nächsten Weggabelung wählen wir den deutlicher ausgeprägten Pfad, der halbrechts im Zickzack zur **Forcella Travenanzes** hinaufführt (1.10 Std.). Eine wilde Felsszenerie tut sich auf. Halblinks schauen wir zu den Graten des Lagazuoi Grande empor, die in den Kamm der Fanes-Berge übergehen. Vor uns liegt das langgestreckte rauhe Tal von Travenanzes, und rechts erhebt sich der Col dei Bos.

Wer mit der Seilbahn zum **Rifugio Lagazuoi** hinaufgefahren ist, erreicht die Forcella Travenanzes im Abstieg auf dem steilen Steig Nr. 401.

Der Weiterweg folgt dem Pfad Nr. 402/401. Durch das herbe Hochtal steigen wir mäßig steil zu einer großen Wiesenfläche ab (1.30 Std.). Am anderen Ende halten wir uns auf dem 402er-Steig geradeaus und erreichen rasch die **Forcella Col dei Bos** (1.40 Std.). Über dem Sattel erhebt sich im Nordosten der Castelletto, der wie der Lagazuoi Piccolo im Ersten Weltkrieg in die Luft gesprengt wurde. Die österreichischen Soldaten, die den Berg besetzt hielten, nannten ihn nicht ohne Grund »Schreckenstein«. Halbverfallene Schützengräben, ein Gedenkstein für einen Trentiner Soldaten und einige Gebäudereste unterhalb des Passes erinnern an das Kriegsgeschehen.

In Richtung Rifugio Dibona gehen wir rechts weiter. Den ersten Abzweig des Steigs Nr. 404 beachten wir nicht, sondern bleiben noch geradeaus. Wir nehmen erst die fol-

gende Abzweigung nach links, die ebenfalls mit der Ziffer 404 markiert ist. So ersparen wir uns einige Höhenmeter. Über eine Hangschulter steigt unser Pfad zunächst mäßig steil an. Bald können wir hinunter auf eine alte Kriegsstraße blicken, die zur Falzarego-Paßstraße führt. Jenseits des Tales sehen wir die Gipfel von Averau und Nuvolau sowie die Cinque Torri.

Kurz darauf erreichen wir einen grasigen Vorsprung. Wir bleiben geradeaus und müssen einen steilen Geröllhang queren, der schroff zur tief unter uns liegenden Paßstraße abstürzt. Nach einem kurzen Steilstück verläuft der Steig dann nahezu eben und nicht mehr so ausgesetzt auf dem Schutt- und Geröllband entlang. Den Abzweig zur Galleria del Castelletto lassen wir links liegen, der Klettersteig auf den Gipfel der Tofana di Rozes verlangt solide bergsteigerische Erfahrung.

Unser Höhenweg Nr. 404 verläuft nun den Wandfuß der Tofana di Rozes entlang. Wenn man Glück hat,

klettert gerade eine Seilschaft durch die Südwandroute zum sogenannten Amphitheater auf halber Höhe der Wand. Das Panorama der Dolomitengipfel, das wir bei schönem Wetter jenseits des Tals überblicken, ist schier überwältigend. Den steilen Pfad, der rechts zum bereits sichtbaren Rifugio Angelo Dibona hinunterführt, ignorieren wir. An der Abzweigung stehen die Reste einiger Kriegsbauten. Zwei Gedenktafeln erinnern an im Ersten Weltkrieg getötete Alpini-Soldaten und an einen

*An der Forcella Travenanzes*

verunglückten deutschen Bergsteiger. Ungewöhnlich ist die Gedenkstätte für einen Bergsteiger names Igor ein Stück weiter: In einer Nische steht, von einer Glasscheibe geschützt, seine Gitarre.

Kurz darauf beginnt der Steig zu fallen, und wir wandern in das Schutt- und Gerölltal **Vallon** hinein. **Achtung:** Nicht halblinks in den Steig Nr. 403 einbiegen! Vielmehr unterqueren wir die Stromleitung und die Materialseilbahn, die hinauf zum Rifugio Giussani führt. Anschließend vereinigt sich unser Pfad mit einem breiten Weg, der von oben herunterkommt. Mehrere Pfade und Steigspuren streben jetzt talwärts. Wir wählen am besten den markierten Steig halblinks, auf dem wir bald auf einen alten Kriegsweg stoßen, der sich in Serpentinen durch den lichten Bergwald zu Tal zieht. In der Nähe der Talstation der Materialseilbahn biegen wir scharf links ab und wandern auf dem breiten Fahrweg hinab zum **Rifugio Angelo Dibona** (3.20 Std.). Das private Schutzhaus ist nach dem berühmten Alpinisten aus Cortina d'Ampezzo benannt, der über 60 Erstbesteigungen in den Alpen vollbrachte.

Von der Hütte gehen wir auf der sanft abwärts führenden Fahrstraße bis zur ersten Kehre. Hier beginnt rechts der gut markierte Wanderweg Nr. 442, auf dem wir in Serpentinen durch den schönen Bergwald von **Miliera** zu den Wiesen von **Cianzopè** an der **Falzarego-Paßstraße** absteigen, wo sich die Haltestelle befindet (4 Std.).

# Im Angesicht des Monte Cristallo

**Über den Falòria-Höhenweg und den Passo Tre Croci nach Cortina**
Östlich von Cortina d'Ampezzo erheben sich die Tondi de Falòria als letzte Ausläufer des gewaltigen Bergmassivs des Sorapiss. Ein Panoramaweg führt an den Hängen entlang und gibt den Blick auf die Dolomiten frei.

## DIE WANDERUNG IN KÜRZE

**+** Anspruch

**5.30 Std.** Gehzeit

**1050 m** Abstieg

**Charakter:** Einfache Bergwanderung, zunächst weglos, dann auf guten Wegen; der lange Abstieg sollte nicht unterschätzt werden

**Wanderkarten:** Tabacco Blatt 03; Kompass Blatt 55

**Einkehrmöglichkeiten:** Hotel Tre Croci und Restaurant/Bar unterhalb des Passes, Capanna Rio Gere (nicht immer geöffnet)

**Anfahrt: Mit dem PKW:** Cortina d'Ampezzo, der Verkehrsknotenpunkt der östlichen Dolomiten, liegt an den Staatsstraßen Nr. 51 (Toblach–Belluno) und 48 (Auer–Cavalese–Canazei). **Mit dem Bus:** Cortina wird von Bussen aus Belluno-Stadt, Calalzo (Bahnhof), Misurina/Tre Cime, Sappada und Innichen/Toblach angefahren.

**Fahrzeiten:** Seilbahn zum Rifugio Falòria Anfang Juli bis Ende Sept. halbstündlich 9–16.30 Uhr

Von der zentralen Busstation in **Cortina d'Ampezzo** am Nordrand der Altstadt gehen wir die wenigen hundert Schritte zur **Talstation der Funivia Falòria** hinüber (Parkplätze). In der Kabine der Seilbahn schweben wir dann in zwei Etappen fast 900 Höhenmeter zur Bergstation **Rifugio Falòria** hinauf. Oben an der Schutzhütte erwartet uns ein phantasti-

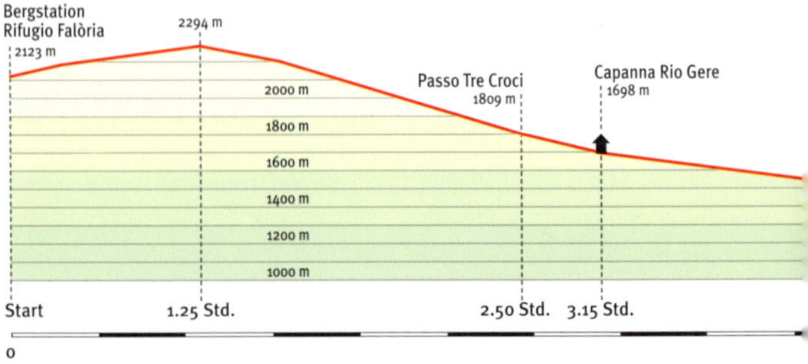

scher Panoramablick auf die Bergketten von Tofane, Cinque Torri, Croda da Lago, Becco di Mezzodi und Monte Pelmo, die Cortina wie ein Ring umschließen. Auf der anderen Seite sind indes die immensen Landschaftsschäden zu sehen, die der Skibetrieb hier oben verursacht hat.

Auf der breiten Skiabfahrt steigen wir parallel zum Sessellift den malträtierten Hang hinauf. **Achtung:** keine Markierung in diesem Bereich! Nach etwa 5 Min. unterqueren wir schräg links die Skilifttrasse und wandern auf dem breiten, leicht ansteigenden Fahrweg weiter. An der nächsten Verzweigung halten wir uns halblinks und gehen für eine kurze Strecke leicht bergab, dann zunehmend steiler bergauf. Rechts, hoch über uns, sehen wir das Rifugio Tondi. Wir queren die nächste Skilifttrasse (20 Min.) und gehen zu einem Sattel hinauf. Jetzt gilt es, möglichst keine Höhenmeter zu verlieren! Wir bleiben geradeaus und queren weglos und ohne Markierung einen Hang, der von einem weiteren Skilift gekreuzt wird. Kurz darauf erreichen wir eine Bergschulter. Hier beginnt knapp unterhalb der oberen Liftstation der **Falòria-Höhenweg** (30 Min.).

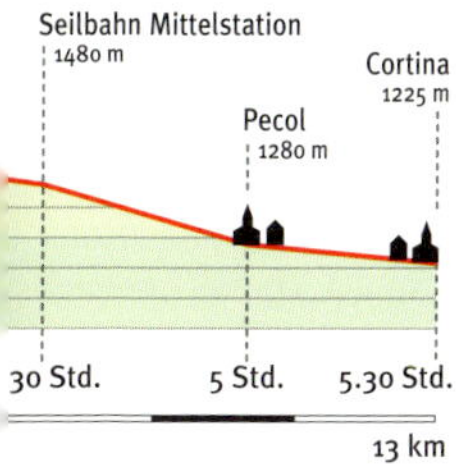


Damit verlassen wir das unattraktive Skigebiet und finden die ersten Markierungen mit der Ziffer 213. Der ordentliche Bergsteig verläuft in leichtem Auf und Ab an den Nordhängen der Tondi de Falòria, der nordwestlichen Ausläufer des Sorapiss. Links schauen wir über das Tal hinweg zum Monte Cristallo, auf dem nach einer alten ladinischen

*Der Monte Cristallo*

Sage einst ein Königsschloß gestanden haben soll. Unter unserem Höhenweg erstrecken sich dichte Wälder bis hinab zur Tre-Croci-Paßstraße. In einem kleinen Kessel, in dem zum zweiten Mal ein Weg zur Forcella Ciadin abzweigt, endet der Panoramaweg (1.30 Std.). An diesem lieblichen Platz läßt sich gut rasten. Mit etwas Glück kann man vielleicht ein Rudel Gemsen beobachten, das elegant über die Felsen turnt.

Wir halten uns nun leicht links Richtung Passo Tre Croci und wandern durch den schönen Bergwald hinab, immer dem Weg Nr. 213 folgend. Wir queren eine große, ebene Lichtung (1.45 Std.) und wandern leicht rechts durch ein kleines Tal weiter bergab. Der Steig wird bald breiter und führt durch den nahezu ursprünglichen Wald sacht talwärts. Wir orientieren uns stets an den Markierungen des Forstweges und halten auf den Monte Cristallo zu, der immer wieder zwischen den Bäumen zu sehen ist.

Schließlich erreichen wir den **Passo Tre Croci** (2.50 Std.). Neben einer Kapelle stehen die drei großen Holzkreuze, nach denen der Paß benannt ist. Sie erinnern an eine Ampezzanerin, die 1709 zusammen mit ihren zwei Kindern in einem Schneesturm erfror. Vom 4-Sterne-Hotel Tre Croci fährt ein Bus zurück nach Cortina d'Ampezzo.

Der Weiterweg Richtung Rio Gere biegt von der Staatsstraße scharf links ab. Nach etwa 5 Min. stoßen wir wieder auf die Straße, folgen ihr etwa 10 m bergab und nehmen dann einen Graspfad, der links daneben verläuft und bald in einen Karrenweg mündet. Auf diesem erreichen wir das Gasthaus **Capanna Rio Gere** (3.15 Std.; im Sommer nicht immer geöffnet) an der Staatsstraße.

Wir folgen der Straße, nach der Brücke über den Rio Gere einem Trampelpfad links daneben, bis zur Linkskurve. Hier beginnt der Wanderweg Nr. 206, der scharf links in den Wald führt. Die Natur hat uns wieder. Auf einer Brücke aus rohen Holzstämmen überqueren wir den Wildbach Bigontina, wandern am anderen Ufer zunächst bachabwärts und steigen dann einige hundert Meter mäßig steil an. An der Abzweigung zum Lago Scin halten wir uns mit dem Weg Nr. 206 halblinks.

Unterhalb der Felsabstürze des Falòria-Massivs, die wir schon während der Seilbahn-Auffahrt sehen konnten, wandern wir meist eben dahin und genießen die phantastischen Ausblicke auf die Bergmajestäten rund um Cortina. An der Kreuzung mit dem Weg Nr. 10 (Hochspannungsmast) bleiben wir auf dem schmaleren Weg geradeaus. Wir gehen zwischen zwei Häusern hindurch, wenden uns nach rechts und sind an der **Seilbahn-Mittelstation** (4.30 Std.). Wer müde ist, wartet auf die nächste Gondel und fährt nach Cortina hinunter.

Ein steiler Fahrweg führt rechts der Seilbahntrasse abwärts und trifft beim Stützpfeiler auf den markierten Weg Nr. 220 nach halbrechts. Talwärts geht es zu einer kreuzenden Teerstraße, in die wir rechts einbiegen. Sogleich sind wir in **Pecol,** einem Vorort von Cortina. Am Haus Pecol Nr. 69 lenken wir unsere Schritte nach links in die wenig befahrene Vorfahrtsstraße und unterqueren bald darauf die Seilbahn. Am Straßenschild »via Prolonga« gehen wir scharf rechts in das abzweigende Teersträßchen und folgen dann links der via Spiga.

Vorbei an schönen Villen wandern wir auf der kleinen Straße weiter abwärts und treffen am Zebrastreifen auf die Trasse der früheren Eisenbahnstrecke Calalzo–Cortina–Toblach. Die Linie wurde 1964 aus Rentabilitätsgründen stillgelegt. Ob die Pläne, die Strecke zu rekonstruieren und somit Cortina wieder in das italienische Eisenbahnnetz einzubinden, jemals verwirklicht werden, steht in den Sternen. Zur Zeit ist die alte Bahntrasse ein asphaltierter breiter Promenadenweg, in den wir rechts einbiegen. Rasch gelangen wir zu unserem Ausgangspunkt, der **Seilbahn-Talstation** von **Cortina d'Ampezzo** (5.30 Std.).

## Cortina d'Ampezzo

Gäbe es eine Hauptstadt der Dolomiten, dann wäre es Cortina d'Ampezzo. Innerhalb weniger Jahrzehnte hat sich das einstige Dorf der Holzarbeiter und Hirten zu einem der mondänsten Wintersportorte in Italien entwickelt. In aller Welt wurde Cortina durch die Olympischen Winterspiele von 1956 bekannt, bei denen der Tiroler Toni Sailer zum Medienstar wurde. Heute zählt das Bergstädtchen gut 9000 Einwohner und hat mehr als 22000 Gästebetten.

# Stolze Drei Zinnen

**Vom Rifugio Auronzo um die bekanntesten Gipfel der Dolomiten**
Kaum ein Massiv der Dolomiten ist so prominent wie die Drei Zinnen. Im Ersten Weltkrieg standen sie im vordersten Kampfgebiet. Heute müssen sie die Invasion der Ausflügler ertragen. Aber es gibt sie noch, die stilleren Ecken am Zinnenplateau.

## DIE WANDERUNG IN KÜRZE

+
Anspruch

3.15 Std.
Gehzeit

250 m
An-/Abstieg

**Charakter:** Leichte Hochgebirgswanderung; nur eine Stelle kurz vor dem Ende der Tour erfordert etwas Trittsicherheit

**Wanderkarten:** Tabacco Blatt 010; Kompass Blatt 55 oder 57

**Einkehrmöglichkeiten:** Rifugio Auronzo, Rifugio Lavaredo, Drei-Zinnen-Hütte (etwas abseits der Strecke)

**Anfahrt: Mit dem PKW:** Von der Staatsstraße Nr. 51/48b Toblach–Passo Tre Croci–Cortina d'Ampezzo zweigt am Lago di Misurina eine asphaltierte, mautpflichtige Stichstraße ab, die hinauf zum Rifugio Auronzo führt. **Mit dem Bus:** Das Rifugio Auronzo wird mehrmals täglich vom Dolomitibus aus Cortina d'Ampezzo und von einem SAD-Bus aus Toblach angefahren.

Schon am großen Parkplatz unterhalb des Rifugio Auronzo empfängt uns der erste Panoramablick. Nach Süden stehen zum Greifen nah die Felsspitzen der Cadini di Misurina. Unter uns erkennen wir den Taleinschnitt des Lago di Misurina, und rechts daneben reckt sich die mächtige Gestalt des Monte Cristallo in den Himmel. Der Blick zur anderen Seite auf die Westliche und die Große Zinne, deren Wände sich über der Hütte erheben, ist vielleicht etwas enttäuschend, denn das Bergmassiv zeigt von Süden nicht seine prominente Schauseite.

Auf der geteerten Straße gehen wir die wenigen Meter zum **Rifugio**

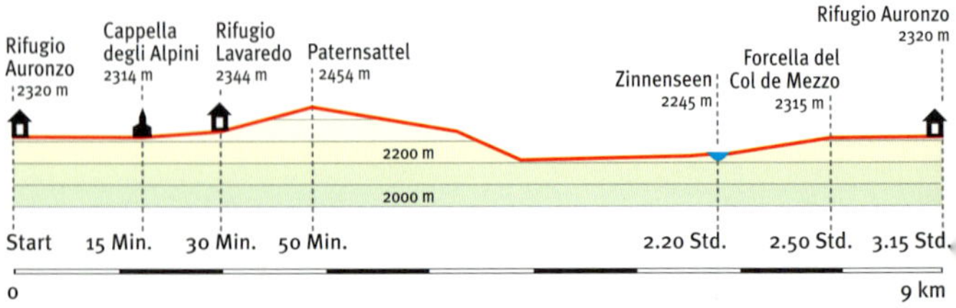

**Auronzo** hinauf, das nach dem Hauptort des Val d'Ansiei benannt ist und der gleichnamigen Sektion des italienischen Alpenvereins CAI gehört. Am großen Schutzhaus, das hotelmäßig geführt wird, schlagen wir den breiten Weg Nr. 101 Richtung Rifugio Lavaredo ein. Noch befinden wir uns in der Provinz Belluno. Der erste Abschnitt der Tour hat den Charakter eines Sonntagsspaziergangs. Neben gut ausgerüsteten Fernwanderern und Bergsteigern sind viele Ausflügler in Turn- und Straßenschuhen unterwegs. Wer an den Drei Zinnen die Bergeinsamkeit sucht, ist hier eindeutig fehl am Platz.

Auf der ehemaligen Kriegsstraße, die von italienischen Soldaten im Ersten Weltkrieg zur Versorgung der nahen Front erbaut wurde, bummeln wir zur **Cappella degli Alpini** hinüber, die auch *Madonna della Croda* genannt wird (15 Min.). Das Kirchlein wurde 1916 von der CAI-Sektion Cadore und Alpini-Soldaten errichtet. Ein Gedenkstein neben der Kapelle erinnert an den Österreicher Paul Grohmann, der 1869 zusammen mit den Bergführern Franz Innerkofler und Peter Salcher erstmals die Große Zinne bestieg. In einiger Entfernung stehen unterhalb der kleinen Kirche auf einem Vorsprung zwei große Säulen, eine martialische Verherrlichung der Erfolge der italienischen Armee.

Wir bleiben auf dem breiten Weg (Nr. 101/104) und wandern nahezu eben zum **Rifugio Lavaredo** (30 Min.). Von der kleinen privaten Berghütte lassen sich gut die gewaltigen Ostabstürze der sogenannten »Gelben Kante« an der Kleinen Zinne überblicken, die lange Zeit als unbesteigbar galt. Für den Weiterweg wählen wir **nicht** den Bergpfad, sondern folgen weiter dem breiten Weg

Nr. 101/104, der nun mäßig steil bergan führt. Bei einer alten Kriegsbefestigung biegt der Weg Nr. 104 ab, wir bleiben aber auf dem breiten Weg Nr. 101 Richtung Drei-Zinnen-Hütte geradeaus.

Der Weg steigt jetzt etwas stärker an, und wir erreichen bald den **Paternsattel,** der die Kleine Zinne vom Paßportenkofel trennt (50 Min.). Im Ersten Weltkrieg lag der Übergang in der unmittelbaren Kampfzone. Noch heute finden sich in den Felsen zahlreiche Reste der italienischen Stellungen. Die stummen Zeugen des Krieges bilden einen merkwürdigen Kontrast zu den übermütigen Jauchzern und Rufen der Ausflügler. Wir betreten nun den **Naturpark Sextner Dolomiten,** der zur Gänze in Südtirol liegt. Zwar führt vom Sattel ein Bergpfad direkt zur Drei-Zinnen-Hütte, aber dieser Steig erfordert Trittsicherheit und Schwindelfreiheit.

Wir wandern zunächst in leichtem Auf und Ab am Rand des Zinnenplateaus und später eben an den Schutthängen des Paternkofels entlang. Unterhalb des Toblinger Riedl zweigt der Weg 101 zur meist überfüllten **Drei-Zinnen-Hütte** ab. Wir aber schlagen den nach links abwärts führenden Bergpfad mit den

*Die Drei Zinnen*

Nummern 105/102 Richtung Langenalp/Auronzohütte ein. Jetzt haben wir die »Schokoladenseite« der Drei Zinnen genau vor uns. Die gewaltigen Felsenzähne sind aus flachgeschichtetem Hauptdolomit aufgebaut und stehen auf einem Sockel aus Schlerndolomit, der in riesige Schutthänge übergeht. Wer genau hinschaut, erkennt, daß die Drei Zinnen in Wirklichkeit aus fünf Gipfeln bestehen.

Bald teilen sich die Pfade. Wir folgen dem Steig Nr. 105 nach links, steigen in Kehren zu einer Wiesensenke ab und folgen dann einem steilen Bachtälchen bergab. Vor der großen ebenen Wiese des **Rienzbodens** überqueren wir den Bach und steigen schräg links auf dem anfangs sehr steilen Bergpfad zur **Langenalpe** hinauf. Rechter Hand hat sich die Schwarze Rienz eine tiefe Schlucht in das Gestein gefräst. In leichtem Auf und Ab wandern wir über die zerfurchte Hochalm. Überall gibt es herrliche Rastplätze mit Prachtblick auf die Drei Zinnen. Wir können zum Paternsattel und zum Paternkofel zurückschauen. Unterhalb der senkrechten Felswände wirken die Menschen klein wie Ameisen.

Wir queren einen weiteren Bach, in dessen Nähe eine unbewirtschaftete Privathütte steht, und erreichen drei kleine, flache Tümpel, die **Zinnenseen** (2.20 Std.). Mäßig steil geht es hinauf zu einem namenlosen Sattel unterhalb des Zinnenkopfes, der westlichsten Spitze des Drei-Zinnen-Massivs. Zur anderen Seite streicht unser Blick weit über die Sextner Dolomiten. Wir halten uns leicht rechts und nehmen den Bergpfad, der fast eben weiterführt. An einem steilen Schutthang entlang steigen wir dann sanft zur **Forcella del Col de Mezzo** empor (2.50 Std.). Jetzt haben wir wieder die Cadini di Misurina vor uns und sehen unten im Tal auch den Lago di Misurina.

Wir sind wieder in der Provinz Belluno und wandern vom Paß geradeaus weiter. In leichtem Auf und Ab geht es auf dem etwas ausgesetzten Pfad an einem Steilabhang entlang. Eine kurze rutschige Stelle ist mit einer Eisenkette gesichert. Kurz danach sehen wir vor uns schon das **Rifugio Auronzo,** und wenig später haben wir wieder die riesige Parkplatzanlage mit der Bushaltestelle erreicht (3.15 Std.).

# Sonnenuhr aus Fels

## Vom Fischleintal zu den Drei Zinnen und zurück

Fast wäre es um die Bergwelt von Sexten geschehen gewesen. Die geplante *Autostrada Alemagna* hätte den Naturpark Sextner Dolomiten in das Zentrum des Transitverkehrs gerückt. Dank des Protests der Bevölkerung blieb er in seiner ganzen Schönheit erhalten.

### DIE WANDERUNG IN KÜRZE

+++ Anspruch

8 Std. Gehzeit

1100 m An-/Abstieg

**Charakter:** Anstrengende, lange Hochgebirgswanderung, bei der viele Höhenmeter zu überwinden sind; der Abstieg vom Büllelejoch erfordert etwas Trittsicherheit und Schwindelfreiheit. Die Tour kann auf 2 Tage verteilt und evtl. mit Tour 32 zusammengelegt werden.

**Wanderkarten:** Tabacco Blatt 010; Kompass Blatt 57

**Einkehrmöglichkeiten:** Talschlußhütte, Zsigmondy-Comici-Hütte, Büllelejochhütte, Drei-Zinnen-Hütte, Hotel Dolomitenhof

**Unterkunft:** Drei-Zinnen-Hütte (140 Schlafplätze; Ende Juni bis Ende Sept.)

**Anfahrt: Mit dem PKW:** Von der Staatsstraße Nr. 52 durch das Sextental zweigt in Moos eine Stichstraße ins Fischleintal bis zum Hotel Dolomitenhof ab (großer gebührenpflichtiger Parkplatz). **Mit dem Bus:** Mehrmals tägl. von Winnebach/Pustertal über Innichen, Sexten und Moos zum Hotel Dolomitenhof und zurück.

Wir starten am großen Parkplatz (Bushaltestelle) vor dem **Hotel Dolomitenhof,** das der berühmte Sextner Bergsteiger Sepp Innerkofler bereits vor dem Ersten Weltkrieg erbauen ließ und das noch heute der Familie Innerkofler gehört. Auf dem breiten Fahrweg, der nun für den öffentlichen Verkehr gesperrt ist, wandern wir durch das Fischleintal sanft bergauf. Mit den munteren Wasserbewohnern hat das wunderschöne Tal allerdings nichts zu tun. Der Name ist wahrscheinlich rätoromanischen Ursprungs *(fic)* und bedeutet »Geröll/Mure«. Wir befinden uns im **Naturpark Sextner Dolomiten,** der 1984 eingerichtet wurde.

Ohne jede Anstrengung gelangen wir zur **Talschlußhütte,** die am Rand des Fischleinbodens steht (30 Min.). Die private Berghütte verführt zu einer ersten Rast, die angesichts der langen Tour aber kurz ausfallen sollte. Wir schauen auf eine gewaltige Bergkulisse: Neben der Sextner Rotwand ganz links, die auch Zehner genannt wird, erheben sich im Rund Elfer, Zwölfer und Einser. Die Gipfel bilden die sogenannte »Sextner Sonnenuhr«, nach der sich in früheren Zeiten die Bauern des Sextentales richteten. An der Hütte halten wir uns Richtung Drei-Zinnen-Hütte/Zsigmondy-Comici-Hütte leicht rechts und wandern auf dem breiten Weg Nr. 102/103 mäßig steil bergauf zu einer Gabelung.

Hier wählen wir den Bergsteig Nr. 103 nach links. Jetzt ist der geruhsame Spaziergang vorbei. Am rechten Rand des Bacherntales steigen wir nun stetig und steil bergan. Drehen wir uns um, können wir weit über die grünen Wiesen des Sextner Tals schauen. Allmählich nähern wir uns dem Talende. Wie ein riesiger Daumen strebt der Gipfel des Hochleist in die Höhe. Er wurde während der Eiszeit als Felssporn zwischen zwei Gletscherströmen glattgeschliffen. Wir bleiben auf unserem Steig geradeaus und erreichen nach einem schweißtreibenden Schlußanstieg die **Zsigmondy-Comici-Hütte** (2.30 Std.). Die Schutzhütte, die direkt vor der mächtigen Nordwand des Zwölferkofels erbaut wurde, ist nach zwei bekannten Alpinisten benannt. Der Wiener Emil Zsigmondy bestieg im 19. Jh. als einer der ersten Bergsteiger zahlreiche Gipfel der Sextner Dolomiten ohne Bergführer. Der Triestiner Emilio Comici wurde vor allem durch die Erstbesteigung der Nordwand der Großen Zinne im Jahr 1933 berühmt.

Noch haben wir den höchsten Punkt der Wanderung nicht erreicht. Auf dem guten Bergsteig Nr. 101 wandern wir in Richtung Büllelejochhütte durch den felsigen Bergkessel steil bergauf zum **Oberbachernjoch** (3.20 Std.). Wir sind jetzt im früheren Kampfgebiet des Ersten Weltkriegs. Überall erkennt man Mauerreste von Unterkünften und Stellungen. Vom Paß gehen wir auf einem etwas luftigen, aber ordentlich in die Felsen geschlagenen Kriegssteig zur winzigen **Büllelejochhütte** (3.30 Std.) hinüber, die Max Innerkofler, ein weiteres Mitglied der berühmten Bergsteigerdynastie aus Sexten, 1963 erbauen ließ.

Auf dem nun breiten Kriegsweg geht es anschließend noch einige Schritte mäßig steil bergauf, dann kurz bergab zum **Büllelejoch,** an dem ein Kruzifix dem Wind trotzt. Wieder haben wir ein grandioses Dolomitenpanorama vor Augen: Wir schauen zurück auf Elfer- und Zwölferkofel, blicken rechts tief in den Talkessel der Bodenalpe hinab und können zwischen Paternkofel und der Schusterplatte in der Ferne bereits unser nächstes Zwischenziel, die Drei-Zinnen-Hütte, erspähen. Südwärts erkennen wir die Marmarole und den Sorapiss. **Achtung:** Am

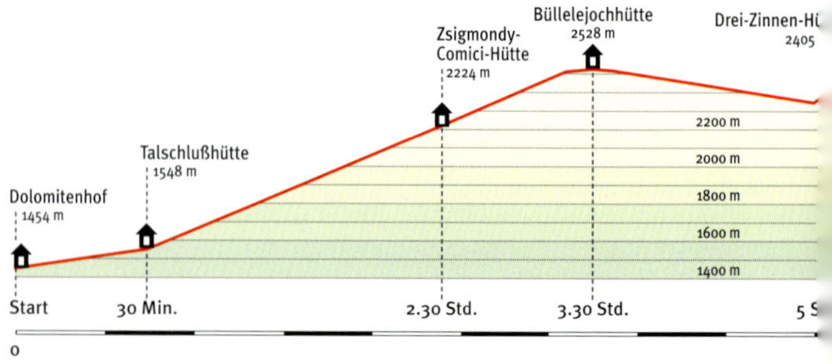

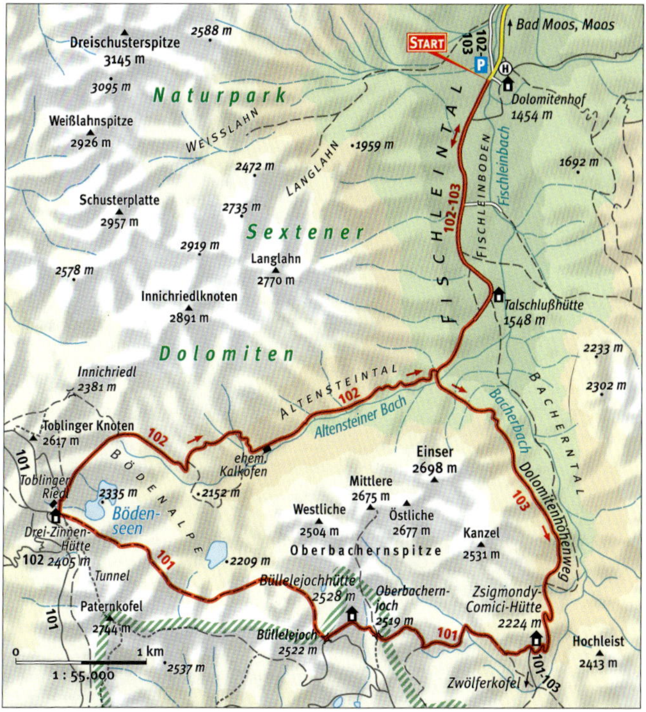


langgezogenen Paß biegen wir nicht in den ersten steilen Pfad nach rechts ein, sondern gehen auf dem breiten Weg noch ein Stück geradeaus und nehmen erst die zweite Abzweigung nach rechts (Nr. 101).

Steil geht es nun in den Felsenkessel hinab. Trittspuren verleiten dazu, zu tief abzusteigen, daher sollte man gut auf die Markierungen achten. An der Gabelung oberhalb der Bödenseen (4.15 Std.) bleiben wir geradeaus und traversieren fast eben einen Schutt- und Geröllhang, der vom Paternkofel herabkommt. Diese Passage ist der anspruchsvollste Abschnitt der gesamten Tour. Später steigt unser Pfad wieder mäßig steil an, und bald sind wir an der **Drei-Zinnen-Hütte** (5 Std.).

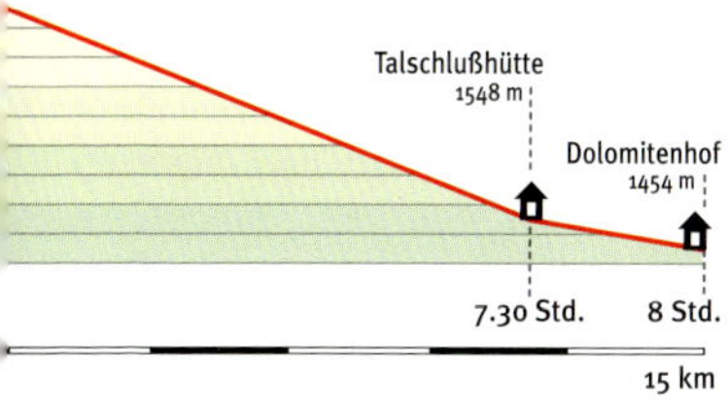

*Die Drei-Zinnen-Hütte bietet ein unvergleichliches Panorama*

Die quirlige Atmosphäre, die uns hier oben am Toblinger Riedl empfängt, ist sogar nach dem bisher keineswegs einsamen Weg überraschend. Doch vom Plateau vor der Schutzhütte lassen sich die weltberühmten Drei Zinnen besonders gut betrachten. Die große Berghütte, die die Besuchermassen kaum fassen kann, trägt auf Italienisch immer noch den Namen des Offiziers Antonio Locatelli, der unter Mussolini in Abessinien Tiefflugeinsätze gegen die wehrlose Zivilbevölkerung flog.

Als Rückweg unserer Tour wählen wir den breiten Wanderweg Nr. 102. Zunächst geht es über die Wiesen der Bodenalpe mäßig steil bergab. Wir kommen an einem Wasserfall vorbei, der über die Felsen der obersten Talstufe des Altensteintales stürzt. Unser weiterhin breiter Weg wird nun steinig und steil. Parallel zur tief eingeschnittenen Schlucht des Altensteiner Baches wandern wir stetig talwärts. Nach gut 2 Std. erreichen wir endlich die Abzweigung des Hinwegs kurz vor dem Fischleinboden und gleich darauf die **Talschlußhütte** (7.20 Std.). Auf dem bekannten breiten Fahrweg wandern wir anschließend durch das Fischleintal zurück zum Parkplatz am **Dolomitenhof** (8 Std.).

# Liebliche Wiesen, wuchtiger Fels

**Von den Rotwandwiesen zum Kreuzbergpaß und nach Moos**
Die stark gegliederte Elfergruppe in den Sextner Dolomiten ist die nördlichste Bastion der »Bleichen Berge«. Jenseits erstreckt sich bereits der kompakte Alpenhauptkamm. Der Kreuzbergpaß bildet die Wasserscheide zwischen Adria und Schwarzem Meer.

## DIE WANDERUNG IN KÜRZE

\+ Anspruch

4.30 Std. Gehzeit

650 m Abstieg

**Charakter:** Leichte Höhen- und Talwanderung

**Wanderkarten:** Tabacco Blatt 010; Kompass Blatt 58

**Einkehrmöglichkeiten:** Rudi-Hütte, Hotel Kreuz-BergPass, Campingplatz-Restaurant (etwas abseits der Tour)

**Anfahrt: Mit dem PKW:** Von der Staatsstraße Nr. 52 durch das Sextental zweigt in Moos eine Stichstraße ins Fischleintal ab, die an der Talstation der Seilbahn zu den Rotwandwiesen vorbeiführt (großer Parkplatz). **Mit dem Bus:** Die Talstation der Seilbahn liegt an der Busstrecke Winnebach–Innichen–Sexten–Moos–Fischleintal, die mehrmals am Tag bedient wird. Am Nachmittag Verbindung vom Kreuzbergpaß über Moos, Sexten nach Innichen/Toblach.

**Fahrzeiten:** Kabinenumlaufbahn von Bad Moos zu den Rotwandwiesen Anfang Juni bis Mitte Okt. 8.30–12.30, 13.30–17.30 Uhr; Auffahrt rund 10 Min.

Am Eingang des Fischleintals liegt **Bad Moos,** ein ehemaliges »Bauernbadl«, dessen Badebetrieb bereits vor vielen Jahrzehnten eingestellt wurde. Nach dem Motto »Schweben statt schwitzen« steigen wir in die kleinen Kabinen der vollautomatischen Umlaufbahn ein, die an ein Fahrgeschäft auf einem Rummelplatz erinnern, und lassen uns über 500 m in die Höhe transportieren. Oben gehen wir die wenigen Schritte zur **Rudi-Hütte** hinab. Vor uns baut sich die Sextner Rotwand auf, jenseits des Fischleintals strebt die Dreischusterspitze in den Himmel, und parallel zum Sextental ziehen sich die Ausläufer der Karnischen Alpen entlang.

Vom Berggasthaus gehen wir halblinks in eine Wiesenmulde hinab, an der einige Heustadel stehen. Die Rotwandwiesen sind für ihre Blütenpracht bekannt, die sich besonders im Frühsommer entfaltet. Der Pfad, der vorerst mit den Nummern 15A und 18 gekennzeichnet ist, führt über die Alm zum nahen Wald hinauf. Hier folgen wir dem 15er-Steig nach links und betreten den **Naturpark Sextner Dolomiten.** In Richtung Kreuzbergpaß wandern wir mäßig steil bergan zu einer Gabelung, an der sich der Wanderweg teilt. Die Variante Nr. 15 B macht einen schweißtreibenden Umweg über den Burgstall. Wir bleiben auf dem Normalweg Richtung Kreuzbergpaß geradeaus, der in der Folgezeit abwechselnd mit den Ziffern 15 oder 15A markiert ist.

Es ist ein phantastischer Panoramaweg, der nahezu eben oberhalb der Waldgrenze verläuft. Nach links schauen wir stets zum Alpenhauptkamm hinüber, der mit seinen Urgesteinen aus Gneis und Glimmerschiefer wie eine kompakte Mauer erscheint. Dagegen wirken die Kalkgesteine der Dolomiten besonders filigran. Später sind wir wieder von lichtem Bergwald umgeben. Wir passieren eine kleine Senke und folgen der Markierung 15A halbrechts bergauf (45 Min.).

Durch den Bergwald geht es noch ein Stück bergan, dann zieht sich der Steig wieder eben dahin. Halbverfallene Schützengräben zeugen davon, daß wir uns im früheren Kampfgebiet des Ersten Weltkriegs befinden. Hier verlief die vorderste Stellungslinie der Österreicher, die verhinderte, daß die italienischen Alpini-Soldaten durch das Sextental zum Pustertal vorstießen. Kurz darauf treten wir aus dem Wald und blicken auf die schroffen Felswände von Neuner und Arzalpenkopf. Wir steigen zu einem Geröllhang hinab, an dem von rechts die Burgstall-Variante einmündet (1.15 Std.). Wir bleiben geradeaus und queren auf dem ordentlichen Pfad sanft absteigend die Schutt- und Geröllhänge, bis wir eine Wegeverzweigung unterhalb des Arzalpenkopfes erreichen (1.45 Std.). Oben erkennt man stark gesicherte Geschützstellungen. Diese Bunker stammen allerdings nicht aus dem Ersten Weltkrieg, sondern wurden unter Mussolini erbaut.

Jetzt beginnt unser Abstieg. Wir halten uns leicht links und folgen dem Steig Nr. 15A abwärts zu einer kleinen ebenen Stelle, an der sich ein Gedenkkreuz mit Erinnerungstafel für einen Alpini-Soldaten befindet. Wir steigen weiter ab und passieren eine Bunkeranlage aus den 30er Jahren. Unser Pfad wird jetzt etwas feucht, denn wir müssen ihn mit einem Bächlein teilen. Wenig später können wir an einem Kletterfelsen die ersten Versuche künftiger Bergsteiger beobachten.

Rasch erreichen wir einen alten Heustadel, hinter dem unser Weg breiter wird. Vorbei an einem weiteren Bunker geht es dann über die vom Skisport erodierten Wiesen hinab zum **Kreuzbergpaß** (2.30 Std.). Der breite Sattel, der seinen Namen von einem Kreuz erhielt, das einst hier stand, ist von alters her ein

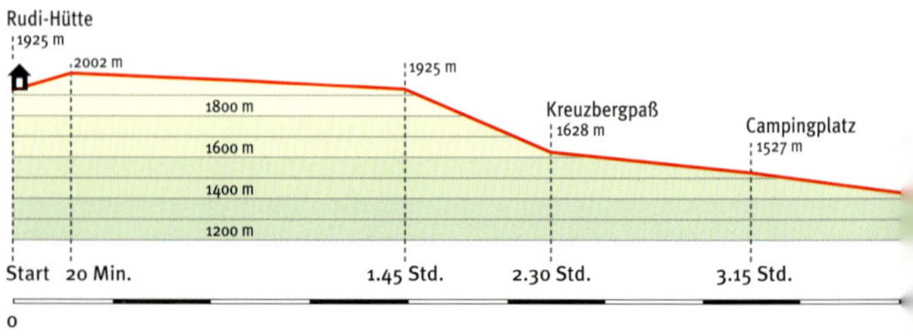

wichtiger Übergang vom tirolerischen Raum in das venezianische Cadore. Wer am Morgen zeitig aufgebrochen ist, kommt gerade recht zur Mittagszeit. Das Hotel KreuzBergPass lockt mit einer kleinen, aber feinen Speisekarte.

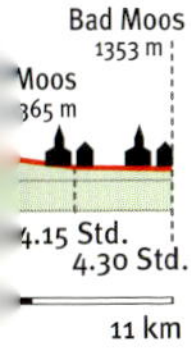


Wir folgen der Straße nach links (nicht rechts Richtung Veneto/Belluno!). Wir müssen nur etwa 400 m auf der wenig befahrenen Autopiste gehen, dann beginnt hinter dem nächsten Parkplatz halbrechts der ausgeschilderte Waldweg nach Moos-Sexten (Nr. 13 A). Es ist ein breiter, wohlmarkierter Naturfahrweg, der moderat bergab führt. Am **Sextenbach** (2.45 Std.) halten wir uns leicht rechts. Abwechselnd zieht sich unser Weg als schmaler Pfad, dann wieder als breiter Forstweg durch den Wald. Nach etwa 30 Min. sehen wir am anderen Ufer den **Campingplatz** am Sextenbach (Café/Restaurant), zu dem eine kleine Brücke

*Im Sextner Tal*

hinüberführt. Wir bleiben aber am rechten Ufer des Wildbachs.

Auf dem angenehmen Waldweg spazieren wir meist bergab. Sobald wir das Hinweisschild »Fußweg Talstation Rotwandwiesen« erreichen (3.40 Std.), verlassen wir den Wanderweg Nr. 13A und spazieren auf dem Weg am Bach weiter, der mit einem »O« markiert ist. Nach gut 5 Minuten wechseln wir auf der breiten Holzbrücke auf die linke Seite des Sextenbaches. Vor der Wiese wenden wir uns nach links und wandern durch den Wald abwärts bis zum Ortsanfang von **Moos** (4.15 Std.). Wir gehen aber nicht in den Ort hinein, sondern überqueren die Straße, die vom Kreuzbergpaß herunterkommt, und wandern auf dem Trimmpfad zur **Talstation** der Rotwandwiesen-Kabinenumlaufbahn (4.30 Std.).

# Blumenpracht am Strudelkopf

**Von der Plätzwiese in den Pragser Dolomiten auf den Strudelkopf**
Jahrhundertelang trieben die Bauern der umliegenden Täler im Sommer ihr Vieh auf die blumenübersäte Plätzwiese, bis sie im Ersten Weltkrieg zum Aufmarschgebiet wurde.Heute steht die Hochalm unter Naturschutz und gehört zum Naturpark Fanes–Sennes–Prags.

## DIE WANDERUNG IN KÜRZE

\+ Anspruch

3 Std. Gehzeit

330 m An-/Abstieg

**Charakter:** Leichte Bergwanderung; nur der direkte Abstieg zur Dürrensteinhütte erfordert ein wenig Trittsicherheit und Schwindelfreiheit

**Wanderkarten:** Tabacco Blatt 03 oder 010; Kompass Blatt 57

**Einkehrmöglichkeiten:** Berggasthof Plätzwiese, Hotel Hohe Gaisl, Dürrensteinhütte

**Anfahrt: Mit dem PKW:** Die Straße durch das Pragser Tal, die zwischen Welsberg und Niederdorf von der Staatsstraße Nr. 49 abzweigt, ist nur bis zum Gasthof Brückele frei befahrbar (großer kostenfreier Parkplatz). Weiter zur Plätzwiese mit dem Pendelbus. **Mit dem Bus:** Die Buslinie Toblach–Pragser Wildsee hat in der kleinen Ortschaft Säge morgens und nachmittags Anschluß an den Bus zum/vom Parkplatz Plätzwiese.

Vom **Parkplatz Plätzwiese** folgen wir dem Fahrweg bergauf und kommen gleich rechter Hand an einem Denkmal für eine Geschützbedienung vorbei, die hier durch einen Volltreffer getötet wurde. Rasch erreichen wir den **Berggasthof Plätzwiese.** Während des Krieges war das Haus österreichisches Stabsquartier und wurde infolge eines Sonderabkommens nicht beschossen. Markanter Blickfang auf der Hochalm ist rechts die Hohe Gaisl, die ihren italienischen Namen *Croda Rossa* den rötlichen Felsbändern verdankt.

Während die meisten Ausflügler auf dem Fahrweg weitergehen, schlagen wir am Gasthof den Steig Nr. 40 links Richtung Dürrenstein,ein. Vorbei an der Kapelle führt unser Bergpfad erst mäßig, dann kräftig bergauf. Die Mulden in den Wiesen haben keinen natürlichen Ursprung, sondern sind Granattrichter. Wir halten uns Richtung Dürrensteinhütte geradeaus und queren ein Bachbett. Am nächsten Wegweiser biegen wir rechts ab.

Wir sind jetzt auf einem Teilstück des Dolomiten-Höhenweges Nr. 3, auf dem man in 8 bis 10 Tagen vom Pragser Wildsee bis nach Longarone in der Provinz Belluno wandern kann. Den Monte Cristallo im Blick, bummeln wir nahezu eben am Wiesenhang entlang und müssen nur ab

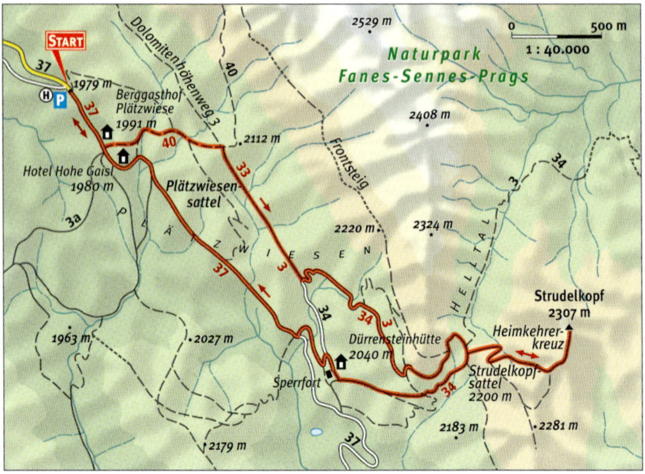


und an einer Kuh ausweichen. Der Pfad mündet in eine alte Kriegsstraße, die von der österreichischen Armee erbaut wurde (40 Min.). Auf dem breiten Fahrweg Nr. 34 gehen wir in Richtung Strudelköpfe links weiter. Unter uns sehen wir die Dürrensteinhütte und die Ruine eines Sperrforts.

Da auf der Kriegsstraße Geschütze und anderes schweres Gerät transportiert wurden, steigt sie sehr kommod an. Je höher wir kommen, desto eindrucksvoller wird die Sicht auf Hohe Gaisl und Monte Cristallo. Nach einer Kehre erblicken wir auch den Dürrenstein (1 Std.). Fast eben geht es zum **Strudelkopfsattel** hinüber (1.15 Std.). Die recht gut erhaltene Ruine, die hier steht, war einst ein Unterkunftsgebäude für Soldaten.

Während der Wanderweg Nr. 34 in das Helltal hinabführt, orientieren wir uns an den Hinweisen zum Heimkehrerkreuz und steigen auf der alten Armierungsstraße zunächst noch ein Stück weiter bergan. Bald lenkt uns aber ein weiteres Hinweisschild zu einem Pfad, auf dem wir mäßig steil bergauf über die Wiesen auf den **Strudelkopf** gelangen (1.30 Std.). Das sogenannte Heimkehrerkreuz erinnert mit markigen Worten an die Toten beider Weltkriege. Bergsteigerisch ist der Grasgipfel völlig unbedeutend, aber das Dolomitenpanorama, das sich hier entfaltet, ist grandios: Neben den Gipfeln von Dürrenstein, Hohe Gaisl und Monte

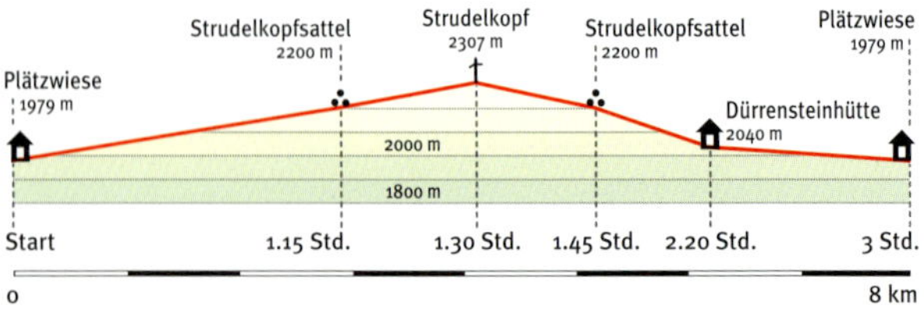

Cristallo sehen wir bei klarem Wetter die Drei Zinnen, den Monte Piano, die Ampezzaner Dolomiten und im Norden die Riesenfernergruppe und die Kette der Zillertaler Alpen.

Auf dem bekannten Anstiegsweg kehren wir zum **Strudelkopfsattel** zurück (1.45 Std.). Nun biegen wir in die Kriegsstraße links (!) ein und wandern ohne Höhenverlust einige hundert Schritte auf den Monte Cristallo zu. Am Holzschild »Zum Heimkehrerkreuz/Strudelkopf« nehmen wir den anfangs schwach ausgeprägten Pfad scharf rechts, der in eine Wiesenmulde hinabführt. Dann geht es kräftig bergab durch einen Taleinschnitt. Einen bewaldeten Felshang querend, steigen wir dann zur **Dürrensteinhütte** ab (2.20 Std.) ab. Nach dem Strudelkopf haben wir uns einen Apfelstrudel auf der Terrasse verdient. Von den Höhen des Monte Cristallo und des Monte Piano beschossen im Ersten Weltkrieg die italienischen Truppen die Plätzwiese und das österreichische Sperrfort, dessen immer noch beeindruckende Ruine neben der Berghütte steht.

Nach der Rast schlendern wir auf dem breiten Fahrweg der früheren Kriegsstraße über das Hochplateau der **Plätzwiese** zurück. Wir kommen am Hotel Hohe Gaisl und am Berggasthaus Plätzwiese vorbei und erreichen dann rasch wieder die Bushaltestelle am **Parkplatz Plätzwiese** (3 Std.).

*Blick von den Plätzwiesen auf den Monte Cristallo*

# Kleiner Sprachführer

| | |
|---|---|
| acqua | Wasser |
| altitudine | Höhe |
| altopiano | Hochfläche |
| albergo | Hotel |
| aperto | offen |
| baita | Bar, auch Berghütte |
| bivacco | Bivakschachtel, unbewirtschaftete Notunterkunft |
| bosco | Wald |
| caduta di sassi | Steinschlag |
| campeggio | Campingplatz |
| capanna | (Berg-) Hütte |
| cascata | Wasserfall |
| casera | Almhütte |
| catena | Gebirgskette |
| caverna | Höhle |
| chiuso | geschlossen |
| cima | Bergspitze |
| col | Hügel |
| dente | Bergzacken |
| difficile | schwierig |
| facile | leicht |
| fermata | (Bus-) Haltestelle |
| fiume | Fluß |
| fonte | Quelle |
| forcella | Sattel, Scharte |
| funivia | Seilbahn |
| ghiacciaio | Gletscher |
| lago, laghi | See, Seen |
| laghetti | Tümpel, kleine Seen |
| malga | Alm(hütte) |
| monte | Berg |
| neve | Schnee |
| orario | Fahrplan |
| parcheggio | Parkplatz |
| parco nazionale | Nationalpark |
| parco naturale | Naturpark |
| passagio | Durchgang, Durchfahrt |
| passo | Paß |
| pericolo | Gefahr |
| pian | Ebene |
| ponte | Brücke |
| pra, prato | Wiese |
| punta | Gipfel |
| rifugio | Schutzhütte |
| rio, rivo | Fluß |
| salita | Aufstieg |
| seggiovia | Sessellift |
| sella | Bergsattel |
| sentiero | Pfad, Wanderweg |
| sorgente | Quelle |
| strada forestale | Forstweg |
| strada statale | Staatsstraße |
| telecabina | Gondellift, Kabinenumlaufbahn |
| teleferica | Seilschwebebahn |
| torre | (Fels-) Turm |
| torrente | Bach |
| val, valle | Tal |
| via | Weg, Straße |
| via ferrata | Klettersteig |
| vietato | verboten |

# Ortsnamen

| Deutsch | Italienisch |
|---|---|
| A.-Munkel-Weg | Sentiero delle Odle |
| Auer | Ora |
| Bacherntal | Val Fiscalina Alta |
| Bamberger Hütte | Rifugio Boè |
| Bindelweghütte | Rifugio Vièl dal Pan |
| Bladen | Sappada |
| Bodenalpe | Alpe dei Piani |
| Bozen | Bolzano |
| Brixen | Bressanone |
| Bruneck | Brunico |
| Büllelejoch | Forcella Pian di Cengia |
| Burgstall | Castelliere |
| Deutschnofen | Nova Ponente |
| Dreischusterspitze | Puna dei Tre Scarperi |
| Drei Zinnen | Tre Cime di Lavaredo |
| Dürrenstein | Pico di Vallandro |
| Einser | Cima Una |
| Eisacktal | Valle Isarco |
| Elfer | Cima Undici |
| Etsch | Adige |
| Fischleintal | Val Fiscalina |
| Fleimstal | Val di Fiemme- |
| Gadertal | Val Badia |
| Geislerspitzen | Odle |
| Grasleitenhütte | Rifugio Bergamo |
| Grasleitenpaß | Passo delle Principe |
| Grödner Tal | Val Gardena |
| Hohe Gaisl | Croda Rossa |
| Innichen | San Candido |
| Jochgrimm | Passo Occlini |
| Kaltenbrunn | Fontanefredde |
| Karerpaß | Passo di Costalunga |
| Kesselkogel | Catinaccio d'Antermoia |
| Klausen | Chiusa |
| Peitlerkofel | Sas de Putia |
| Plätzwiese | Prato Piazza |
| Plattkofel | Sassopiatto |
| Plodn | Sappada |
| Pragser Wildsee | Lago di Braies |
| Prösels | Presule |
| Puflatsch | Bulacia |
| Pustertal | Val Pusteria |
| Rosengarten | Catinaccio |
| Rosengartenhütte | Rifugio A. Fronza |
| Rotwandhütte | Rifugio Roda de Vaèl |
| Schlern | Sciliar |
| Schlernhaus | Rifugio Bolzano |
| Schlüterhütte | Rifugio Genova |
| Seiser Alm | Alpe di Siusi |
| Sellajoch | Passo Sella |
| Sexten | Sesto |
| St. Kassian | S. Cassiano |
| St. Ulrich | Ortisei |
| St. Vigil | S. Vigilio |
| St. Zyprian | S. Cipriano |
| Strudelkopf | Monte Specie |
| Talschlußhütte | Rifugio al Fondo Valle |
| Toblach | Dobbiaco |
| Waidbruck | Ponte Gardena |
| Welschnofen | Nova Levante |
| Wolkenstein | Selva |
| Würzjoch | Passo delle Erbe |

# Register

DUMONT EXTRA

Der Reiseführer mit topaktuellen Tipps und fünf ungewöhnlichen Extra-Touren. Hinten im Buch befindet sich die Extra-Karte zum Herausnehmen – jederzeit griffbereit.

Jeder Band wird jährlich aktualisiert!

»Große Klasse zum kleinen Preis: schnelle Infos, tolle Fotos, fünf Touren, moderne Grafik und Extrakarte. Ein kompletter Reiseführer für junge Leute und Junggebliebene. Mit Insidertipps, die jede Reise zu einem wahren Vergnügen machen.« *buch aktuell*

»Es handelt sich hier um kompakte Reiseführer mit verlässlichen, topaktuellen Tipps und wirklich lohnenden, originellen Routenbeschreibungen. Außerordentlich ist die jährliche Neuauflage! Insgesamt bietet ›DUMONT Extra‹ Tipps, Tipps und nochmals Tipps; und diese dann auch garantiert Jahr für Jahr neu.«

*Nordbayerischer Kurier*

Weitere Informationen über die Titel der Reihe DUMONT-Extra erhalten Sie bei Ihrem Buchhändler oder beim DUMONT Reiseverlag • Postfach 10 10 45 • 50450 Köln
Besuchen Sie uns im Internet: www.dumontreise.de

# DUMONT RICHTIG REISEN

»Den äußerst attraktiven Mittelweg zwischen kunsthistorisch orientiertem Sightseeing und touristischem Freilauf geht die inzwischen sehr umfangreich gewordene, blendend bebilderte Reihe ›Richtig Reisen‹. Die Bücher haben fast schon Bildbandqualität, sind nicht nur zum Nachschlagen, sondern auch zum Durchlesen konzipiert. Meist vorbildlich der Versuch, auch jenseits der ›Drei-Sterne-Attraktionen‹ auf versteckte Sehenswürdigkeiten hinzuweisen, die zum eigenständigen Entdecken abseits der ausgetrampelten Touristenpfade anregen.«

*Abendzeitung, München*

»Zum einen bieten die Bände der Reihe ›Richtig Reisen‹ dem Leser eine vorzügliche Einstimmung, zum anderen eignen sie sich in hohem Maß als Wegweiser, die den Touristen auf der Reise selbst begleiten.«

*Neue Zürcher Zeitung*

»Schön bebildert, ansprechend und übersichtlich aufgemacht. Erstklassige Autoren.«

*Reise und Preise*

## Abbildungsnachweis

**Alle Fotos: K. W. Stegers, Lünen**
Karten und Höhenprofile: Berndtson & Berndtson Productions GmbH, Fürstenfeldbruck © DuMont Reiseverlag, Köln

## Impressum

**Titelbild:** Am Lago di Coldai in der Civetta

**Über den Autor:** Reinhard Kuntzke, Journalist und Politologe, durchwandert seit Jahren Südtirol und die Dolomiten und hat sich die Region Schritt für Schritt vertraut gemacht. Von ihm ist im DuMont Reiseverlag bereits das Reise-Taschenbuch »Südtirol« erschienen.

Graphisches Konzept: Groschwitz, Hamburg
2., aktualisierte Auflage 2002

Druck: Rasch, Bramsche
Buchbinderische Verarbeitung: Bramscher Buchbinder Betriebe

ISBN 3-7701-3854-6